小学卷

研学·中国（陕西）

秦岭文化

QINLING WENHUA

肖云儒　主编　　程　圩　副主编

王友福　编著

西北大学出版社

·西安·

图书在版编目（CIP）数据

秦岭文化．小学卷 / 王友福编著．—西安：西北大学出版社，2020.11
（研学·中国 / 肖云儒主编．陕西）
ISBN 978-7-5604-4574-8

Ⅰ．①秦… Ⅱ．①王… Ⅲ．①秦岭—概况—小学—乡土教材 Ⅳ．①G624.451

中国版本图书馆 CIP 数据核字（2020）第 142489 号

研学·中国（陕西）

主　编　肖云儒　副主编　程　圩

秦岭文化（小学卷）

编　著　王友福

出版发行　西北大学出版社

（西北大学校内　邮编：710069　电话：029-88302621　88303593）

http://nwupress.nwu.edu.cn　E-mail: xdpress@nwu.edu.cn

经　销　全国新华书店
印　装　陕西龙山海天艺术印务有限公司
开　本　787 毫米×960 毫米　1/16
印　张　8

版　次　2020 年 11 月第 1 版
印　次　2020 年 11 月第 1 次印刷
字　数　96 千字

书　号　ISBN 978-7-5604-4574-8
定　价　28.00 元

总 序

学校的宗旨是“传道、授业、解惑”，倡导“学、思、行”结合。进入21世纪，经济合作与发展组织（OECD）率先提出“核心素养”结构模型，欧洲联盟提出“终身学习核心素养”体系，都强调核心素养是个人发展和社会发展的关键。2018年9月，习近平总书记在全国教育大会上的讲话强调：在党的坚强领导下，立足基本国情，遵循教育规律，坚持改革创新，以凝聚人心、完善人格、开发人力、培育人才、造福人民为工作目标，培养德智体美劳全面发展的社会主义建设者和接班人。21世纪，以核心素养为导向的教学改革将推动我国教育事业的改革发展。

我国基础教育阶段学生核心素养的内涵，是基于人的全面发展，体现“促进人的全面发展，适应社会需要”的要求，遵循人的成长规律，提高人的基本素养和能力，涉及知识与技能、过程与方法、情感态度与价值观等内容，促进个体适应社会，终身学习，并全面发展。素养教育可矫正重知识、轻能力、忽略情感态度与价值观的教育缺失。我国长期推行素质教育，而素养教育才刚开始，在实践中还存在着依赖应试教育路径、偏重知识传授、轻视能力培养等问题。素养教育任重道远。

研学旅行有助于贯彻落实党的教育方针，落实立德树人根本任务，实现知行合一，开阔眼界，拓展思维。同时，也可消解基础教育中存在的偏重知识、忽视能力等问题。研学旅行在我国开展的时间虽不长，但效果突出。它经历了

2013—2016 年的试点推进阶段和 2017 年至今的深化提升阶段。

陕西省是全国研学旅行开展较好的省份之一。西安市作为教育部确认的研学旅行首批试点城市之一，在西安市教育局 2014 年颁布的《西安市中小学研学旅行试点工作管理办法（试行）》及市政府办公厅 2016 年颁布的《关于推进中小学研学旅行工作的实施意见》的指导下，总结出了研学旅行西安模式，得到教育部的认可，并在全国加以推广。

开展研学旅行，一是要做好顶层设计，涵盖教育实践读本选择，课程选择，内容设计，基地、营地选择，以及导师配备，等等。二是要做好“五个结合”，即学与行、游与学、观看与体验、有序活动与旅行安全、研学过程与行后作业的结合。三是要做好组织活动单位的选择，重视选择有品质、有信誉的单位。四是要强化具身体验活动，突出学习过程，强调身体、环境和大脑的相互作用，在具身体验中学习知识、获得情感体验。五是重视选择优质的研学产品。六是突出学生的主体地位，挖掘研学基地的价值，找到研学的切入点，抓住学生的兴趣点，激发学生的共鸣点。

目前，我国研学旅行开展得如火如荼，但除基本读物外，高品质的研学旅行知识读本并不多见。《研学·中国（陕西）》分小学卷和中学卷，每卷又分为华夏寻根、丝路探源、革命印记、秦岭文化、科技创新五个主题，各主题独立成册，共两套十册。以习近平新时代中国特色社会主义思想为指导，彰显华夏文明、历史遗产、革命文化、生态文明和科教兴国的特色，力图成为研学旅行精品读物。

本套知识读本的编写，汇集了一批有实力的专家学者，凝聚了一批陕西文化名人的心血。他们对陕西有感情，有研究，编写的内容有高度，有深度，并经多轮研讨修改，使其尽量完善，更加契合陕西教育和研学旅行的特点。希望本套知识读本的出版能够让研学旅行的参与者满意。

陕西师范大学地理科学与旅游学院教授
中国旅游研究院西部旅游发展研究基地首席专家　　冯耀峰

2020 年 10 月

前 言

研学旅行是由学校根据区域特色、各年龄段学生的特点和各学科教学内容的实际需要，组织学生通过集体旅行、集中食宿的方式走出校园，在社会实践中拓宽视野、丰富阅历、增长见识，加深学生对自然、社会、文化的认知与体验，有效增强学生的创新意识，提高学生的综合素养，提升学生的实践能力，促进学生健康成长和全面发展的一项活动。

研学旅行起源于春秋末期，孔子带领弟子们踏遍山川都邑，考察政风民情，推行周礼文教。为撰写《春秋》，孔子“西观周室，论史记旧闻”（《史记·十二诸侯年表》），尽量“多闻”“多见”“多识”。西汉司马迁在广泛搜集文献资料的同时，漫游大江南北，着意挖掘流传在民间的生动而丰富的口传资料。他从京城长安出发，经江陵抵达汨罗江畔，“窥九疑，浮于沅、湘”，凭吊屈原；“上会稽，探禹穴”，考察了解虞舜、夏禹的事迹和传说；再沿江北上，走访淮阴父老，搜集有关韩信的传闻；然后“北涉汶、泗，讲业齐、鲁之都，观孔子之遗风”；最后“过梁、楚以归”长安，最终编撰成“史家之绝唱”——《史记》。北魏郦道元长期跋山涉水，往返于长城以南和秦岭—淮河以北的广袤区域，游览诸多河流山川和名胜古迹，所到之处即亲自考察，“访渎搜渠”，写出了《水经注》。诸如孔子、司马迁、郦道元等古代文化名人开创的游学之举，孕育形成了我国“读万卷书，行万里路”的教育理念和人文精神，对后世产生了重要而深远的影响。

新文化运动以后，我国著名教育家陶行知提出了“行是知之始，知是行之成”，向社会学习、向实践学习的教育理念，进而提出解放儿童的头脑、双手、眼睛、嘴、空间和时间，以培养儿童的创造力。这已成为我国现当代教育的一大原则。

2013 年，国务院在《国民旅游休闲纲要（2013—2020 年）》中第一次提出“逐步推行中小学生研学旅行”。2014 年，国务院在《关于促进旅游业改革发展的若干意见》中明确提出，将研学旅行纳入中小学生日常教育范畴。2016 年，教育部等十一部门联合印发《关于推进中小学生研学旅行的意见》，明确提出将研学旅行纳入中小学教育教学计划和德育框架。近年来，在试点工作取得成果的基础上，逐步形成了国家重视支持、行业指导有力、社会积极参与、学校主动组织、学生积极参加的良好局面。

为进一步深入挖掘研学实践课程资源，推动研学实践教育走上高速发展的快车道，我们萌发了编写一套既切合研学实际又具有陕西地域特色的研学实践教育读本的想法，从宏观与微观层面为中小学研学实践教育提供内容、信息和建议。

在编写过程中，我们始终坚持以下四个原则：

第一，在指导思想上，坚持以习近平新时代中国特色社会主义思想为指导，遵循“身教最为美，知行不可分”的教育理念，贯彻知与行、学与用、美与善、物质与精神相融合的思想观念，培养学生的社会责任感、创新精神、实践能力和人文素养。

第二，在编写思路上，秉承“寓教于乐、寓教于行、寓教于思”的研学理念，严格落实小学阶段以乡土乡情为主、初中阶段以县情市情为主、高中阶段以省情国情为主的研学实践教育活动要求。

第三，在内容选取上，结合中小学生的认知能力与水平，紧扣陕西的文化内涵与地域特色，围绕华夏寻根、丝路探源、革命印记、秦岭文化、科技创新五大文化主题，形成系列读本，深化学生的知识点，拓宽学生的知识面，提升学生的认知力，强化学生的体验感。

第四，在写作要求上，力求把握三个关键，即丰富知识点、突出体验感、激发探究欲；力争做到三个相融，即点面相融、雅俗相融、动静相融；期望实现三个目标，即成为研学实践的活教材、成为大众旅游的好帮手、成为文化传播的助力器；力戒编写成景点介绍书、一般教科书或专业学术书，努力将一套务实、对路、好用的研学实践教育“活教材”呈现在读者面前。

在具体编写方面，我们重点突出以下三个方向：

一是文化主题系统化。读本的内容设计紧扣五大文化主题，同时与中小学各学科教材紧密结合，在整合、彰显陕西人文与科技资源的基础上，结合研学实践教育特色进行课程化、体系化的梳理，突显陕西特色。

二是难易程度差异化。在读本的内容设计上，依据小学、中学不同学段学生的身心发展特点和认知能力，坚持“小学讲故事，中学讲道理”的差异化编写原则，有针对性地进行知识点的难易区分和语言风格的整体变化。

三是内容形式多样化。在构建主题研学实践教育读本知识体系的过程中，以陕西地域文化为载体，采用讲故事的叙事方式，配以丰富的图片，力求做到图文并茂，并穿插知识链接和探究思考等模块，激励学生在读本的引导下，建立起学习与生活的有机联系，强化研学旅行实践教育体验。

按照以上整体构想和编写要求，经过精心打磨，这套《研学·中国（陕西）》知识读本终于与广大读者见面了。希望它能够为中小学生和家长朋友们及广大旅游爱好者所喜爱，同时也衷心期望得到社会各界的热诚指正。

最后，我想强调说明一点：本套读本是按照全国中小学生研学实践教育西安营地的编写思路进行整体策划构建的，是对陕西各个研学实践教育基地的教育资源的整合，并得到了部分西安市中小学生研学实践教育示范校的认可。此外，本套读本的出版得到了西北大学出版社的鼎力支持，在此表示衷心的感谢！

肖云儒

2020 年 10 月

目 录

■ 导 读 / 1

■ 地质文化

天下奇险第一山
——华山 / 6

中国地质地貌博物馆
——翠华山 / 20

■ 交通文化

更谁开捷径
——商於古道 / 28

秦塞通人烟
——石门栈道 / 37

■ 历史文化

帝业兴隆俊杰多
——栎阳古都 / 48

C O N T E N T S

紫柏山前云气深

——张良庙 / 58

■ 宗教文化

全真祖庭

——重阳宫 / 70

律宗祖庭

——净业寺 / 78

■ 生态文化

玉种蓝田

——蓝田玉文化 / 90

来自中国的礼物

——秦岭四宝 / 100

参考文献 / 112

后 记 / 114

导 读

秦岭西起甘肃省东部，一直绵延至河南省，东西长1600多千米，南北宽100～300千米，余脉则延伸至湖北省西北部。秦岭总面积约40万平方千米，其中山体占地9万多平方千米。狭义的秦岭是指陕西省境内的这一段山脉，其东西长400～500千米，南北宽约300千米。

秦岭是中国的中央山脉，它不是一般意义上的名山。2020年4月，习近平总书记在陕西考察时强调，秦岭和合南北、泽被天下，是我国的“中央水塔”，是中华民族的祖脉和中华文化的重要象征。保护好秦岭生态环境，对确保中华民族长盛不衰、实现“两个一百年”奋斗目标、实现可持续发展具有十分重大而深远的意义。

秦岭横亘于中华腹地，是中华民族的祖脉。一座山脉，半部国史。这里有蓝田猿人，有古老的半坡文明，华胥、女娲、伏羲、黄帝、炎帝的传说从这里开始，周代的农业文明和礼仪文明，秦代的政治制度、思想文化，隋唐的科举制度，以及唐代的包容开放都与这里息息相关，中国传统文化的根脉大都可以从这里找寻得到。

秦岭是中国南北地理的天然分界线，是长江黄河的分水岭，是我国的“中央水塔”。黄河和长江的水流主要来自秦岭深山的汩汩清泉，中华文明的众多分支亦从这里起源。秦岭是重要的水源涵养区，与秦岭息息相关的嘉陵江、汉江和丹江作为南水北调中线工程的源头区，支撑着京津地区和环渤海经济区的发展。穿越秦岭的引汉济渭工程为关中城市群奠定了坚实的发展基础。

秦岭山谷中的栈道和关隘连通了东西南北，推动了文化交流，促进了经济发展。这里曾有古商路，熙来攘往；这里曾有古战场，鼓角争鸣。

秦岭是一座文化的山。它涵养万物，中国人从中得到启示，体悟出天人合一、自强不息的道理。儒家学说在这里得到发展，道家文化在这里发源兴起，佛教祖庭在这里广布。这些饱含人类智慧的种子深深地根植在中华民族的文化基因中。

秦岭是一座神奇的山，它联通南北，滋养了关中平原、四川盆地和江汉平原。秦岭还有调节气候、保持水土、涵养水源、维护生物多样性等诸多作用。秦岭以不到全国1%的面积，养育着全国10%的珍稀动植物。这里不仅是维护全球生物多样性的重要地区之一，还是保护我国生态资源的重要屏障。

总之，能够拥有秦岭这样一座有体量、有高度，富集自然资源和人文资源的山脉，是中华民族之幸。纵观秦岭文明发展史，可以清晰地看出，“生态兴则文明兴，生态衰则文明衰”——秦岭文化的兴衰与自然生态的保护情况息息相关。对于秦岭，我们应心存敬畏，本着顺应自然、保护生态的绿色发展理念，守护好秦岭这个中华民族的地理标识、文化标识。保护秦岭生态，就是在保护中华文化的重要起源地，就是保护一座自然和人文宝库，就是保护中华民族的未来。

秦岭哺育并深深影响着中华文明。在这里，我们选取秦岭文化的几个侧面，展现中华祖脉的神秘与风采。

“地质文化”篇里，华山、翠华山展示着大自然的鬼斧神工。你在穿越秦岭的古栈道时，可以想象古人是如何从这里走过，感叹于我国古代劳动人民的智慧，以及他们战胜一切艰难险阻的能力和信心。“历史文化”篇讲述了秦岭和古代长安城的密切关系，以及英雄人物对历史进程的影响。你可以从中了解古人的智慧，学习他们对待人生的态度。“宗教文化”篇揭示了秦岭对道教和佛教的形成和发展产生的重要影响，讲述了一些关于古代思想文化的小知识，继而让人不禁思索社会与人生、自然与宇宙的联系。“生态文化”篇介绍了“秦岭四宝”以及与它们有关的有趣的知识和故事，还讲述了有关秦岭美玉的传说与玉文化知识。

让我们拨动历史的琴弦，静静地聆听秦岭故事，仔细品味秦岭文化吧。

地质文化

□ 天下奇险第一山

——华山

中国有五岳，即东岳泰山、南岳衡山、中岳嵩山、北岳恒山和西岳华山。西岳华山距黄河、渭河的交汇之处不远。远远望去，华山主峰如一朵盛开的莲花直插天际，所以得名花山，而古人将“花”“华”

华山

华山景点图

二字通用，所以这座山又名华山。这就是华山名字的由来。

中国民间流传着两则关于华山的来历的传说，其中之一就是“巨灵神开华山”。《搜神记》记载，很早以前首阳山和华山原属一条山脉，从秦晋大峡谷南下的黄河水到了这里，就被这座东西横向的大山挡住，洪水溢出河道，泛滥成灾。黄河之神巨灵神奉天帝的命令，要在大山之间开辟出一条河道。巨灵神来到这里，仔细观察一番，决定在山脉的细腰处下手。只见他手抱山西头，脚蹬山东头，昂首向天，发出低沉的吼声。忽然，天地之间一声巨响，首阳山和华山之间被撕开一个裂口，河水顺着新河道汹涌而去。从此，华山之巅留下了巨灵神的手印，这就是“关中八景”之一的“华岳仙掌”，而首阳山则留下了巨灵神的脚印。另一则传说则讲道，华山至首阳山一带原本人丁兴旺，五谷丰登，有一年的三月三日，忽然一声巨响，黄河之水从天而降，刹那间吞噬了一切，昔日的良田美宅一下子变成了湖海泽国。原来，在天庭王母娘娘的蟠桃会上，寿星没留心，把手中的半盏玉浆倾洒到人间，玉浆就变成了滚滚黄河水。白帝少昊到玉帝面前禀明此事，玉帝便派巨灵神前往人间处理此事。巨灵神来到人间，一缩身挤入了华山与首阳山之间，他左手托着华山的石壁，右脚蹬着首阳山的山根，用尽全身力气将两山分开，黄河南下东去的路就这样被开辟出来。原来连在一起的山被分成两段，西段在今陕西省秦岭北麓，东段则在今山西省黄河北岸。

华山是大自然的杰作。作为秦岭的支脉，华山与秦岭和关中平原原本是连在一起的。在距今 1.3～0.7 亿年的白垩纪时，这里发生了奠定今天我国山川地势大体轮廓的燕山运动。在燕山运动的影响下，华山与关中平原之间发生了大的断裂，华山岩体开始抬升，又经过漫长的地壳运动以及河流的侵蚀、风雨的冲刷等，在二三百万年前，华山形成了如今这样挺拔而立的面貌。现在华山北侧的断层依然处在活动中，华山的高度还在悄悄增长。

巨灵神画像

华山是道教名山，西岳庙就坐落在华山脚下。西岳庙是供奉西岳大帝华山神的庙宇，始建于汉武帝时期，后成为历代帝王祭祀华山神的场所。西岳庙坐北朝南，十分宏伟，是五岳所有庙宇中建置最早、面积最大的庙宇。西岳庙形似北京故宫，整体建筑以南北中轴线对称布置，中轴线上依次排列着

西岳庙内“少昊之都”石牌楼（闫军平/摄影）

灏灵门、五凤楼、棂星门、金城门、灏灵殿、寝宫、御书楼、万寿阁等建筑。庙内的石碑，如西岳华山神庙之碑、华岳精享昭应之碑、敕建西岳庙图碑、华山图碑、敕修西岳庙碑，以及乾隆御书“岳莲灵澍”横碑等，艺术价值和研究价值极高。

华山以险奇著称，而所谓险奇，主要指登山之险和五峰之奇。玉泉院是华山道教活动的主要场所，为登临华山的门户。从玉泉院经

过青柯坪、回心石、千尺幢、百尺峡，即可登上北峰；再经过苍龙岭、金锁关，西峰就在眼前了；从斧劈石过舍身崖，华山第一高峰——南峰就在远远招手；过南天门，走过最险的长空栈道后则东峰在望；从观日台历经“鹞子翻身”和下棋亭，中峰就向人张开怀抱。华山山路之险峻，最具代表性的就是千尺幢、百尺峡、苍龙岭和长空栈道四处。千尺幢是巨石之间的一条大裂缝，坡度极陡，在这里仰望天际则只见一条细线，俯视脚下则如临深渊。百尺峡也叫

西岳华山苍龙岭

百丈崖，此处危石耸峙，上插天际，许多人从此经过时都会担心巨石会随时掉下来。苍龙岭山色苍黑，如悬龙盘踞，绝壑千尺，人们从此经过无不胆战心惊，民间故事“韩愈投书”就发生在这里。长空栈道开凿在南峰腰间，上下皆是悬崖绝壁。这里是华山险中之险，游人至此，面对绝壁，屏气挪步，心惊肉跳，神魂俱失。

华山有五座山峰，每座山峰都有自己独特的魅力。华山东峰又名朝阳峰，峰顶有朝阳台，这里是著名的观赏日出的地方。南峰是华山最高峰，又名落雁峰，海拔 2154.9 米，是五岳第一高峰。西峰由一完整的巨石构成，也叫莲花峰，登临至此，人们无不感慨大自然的鬼斧神工。北峰又名云台峰，与这里有关的神话故事和民间传说最多，真武殿、玉女窗、老君挂犁处、铁牛台等景观都涉及不同的神话传说，文化底蕴极深。中峰又名玉女峰，这里环境清幽，树林茂密，奇花异草争奇斗艳，为华山景色最好的地方。

华山长空栈道

从西岳庙南眺华山主峰（樊潼顺/摄影）

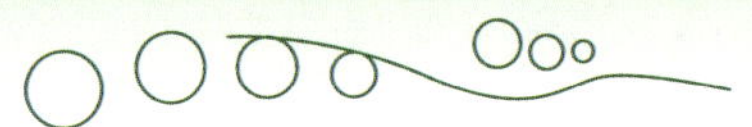

华山纪念币

基地链接

华山户外拓展基地

华山户外拓展基地位于华山莎萝坪景区内，周边地势开阔，附近有大上方、小上方、瀑布、水帘洞等自然景观。华山户外拓展基地是了解中国古代交通文化、政治经济、军事历史和宗教文化的综合体验场所，是渭南市首批中小学生研学实践基地。

事件回放

智取华山

俗话说“华山自古一条路”，攀登华山其实还有另外一条“路”，

那就是解放军消灭敌人所走的“智取华山”之路。1949 年，国民党保安第六旅 400 余名残敌流窜到华山一带，负隅顽抗。解放军第一野战军某部侦察参谋刘吉尧,奉命率侦察小分队的 8 名勇士上山侦察敌情。在采药山民王银生的指引下，刘吉尧辗转找到了上华山北峰的路。侦察员们历经千难万险，终于到达了华山北峰下。北峰是上下华山的必经之路，只有夺取北峰，才能切断敌人上下山的通道。刘吉尧果断决定在晚上打敌人一个措手不及。这一天，睡梦中的敌人想不到解放军会如天兵般突然“从天而降”，顿时乱作一团，还没来得及穿衣服就成了俘虏，北峰很快就被解放军攻克。解放军增援部队赶到北峰后又发起了总攻，最终以摧枯拉朽之势将残敌彻底消灭，华山又回到了人民的手中。1953 年，这段传奇被拍成电影《智取华山》。

智取华山八勇士雕像

华山小道

赵匡胤输华山

华山东峰上有一个小亭，叫下棋亭，也叫“博台”，传说宋太祖赵匡胤曾在这里和道士下棋，所以这里才有了这个名字。赵匡胤曾是后周皇帝柴荣的大将，有一次他到华山游玩，遇到了道士陈抟，两人一见如故，又都喜爱下棋，于是一起登上华山东峰，在一块巨石上摆开棋盘对弈。在下棋方面，赵匡胤虽是个中高手，实力却无法和陈抟相比，他屡战屡败，把能输的全部输掉了。陈抟想到此为止，但赵匡胤还要再下最后一局，陈抟说：“你已经没有什么可输的了，如果再输了，就把华山给我。”赵匡胤觉得华山又不是自己的，就慨然允诺。

结果，这一局赵匡胤还是输了，他找来纸笔签字画押，把华山给了陈抟。后来，赵匡胤陈桥兵变，黄袍加身，建立了北宋。陈抟拿着字据找上门来，要皇帝履行诺言，赵匡胤没有反悔，下了一道圣旨把华山一带赐给了陈抟。陈抟回到华山后，向方圆百里的百姓宣布：华山属于道观所有，华山附近的老百姓以后不用向朝廷纳粮缴

1935 年的华山下棋亭

如今的华山下棋亭

税。从此，民间便有了“自古华山不纳粮”的说法。

名物疏解

五　岳

五岳是中国五大名山的总称，是古代民间山神崇拜思想、五行观念与帝王巡狩封禅传统相结合的产物。五岳的名称得来已久，在春秋时期就已经出现，但关于五岳中的南北二岳的具体所指民间历来有多种说法。现在的五岳分别是中岳嵩山、东岳泰山、西岳华山、南岳衡山和北岳恒山。五岳各具特色，以泰山之雄、华山之险、恒山之幽、嵩山之峻、衡山之秀而闻名于世，泰山还被联合国教科文组织列为“世界文化与自然双重遗产”。

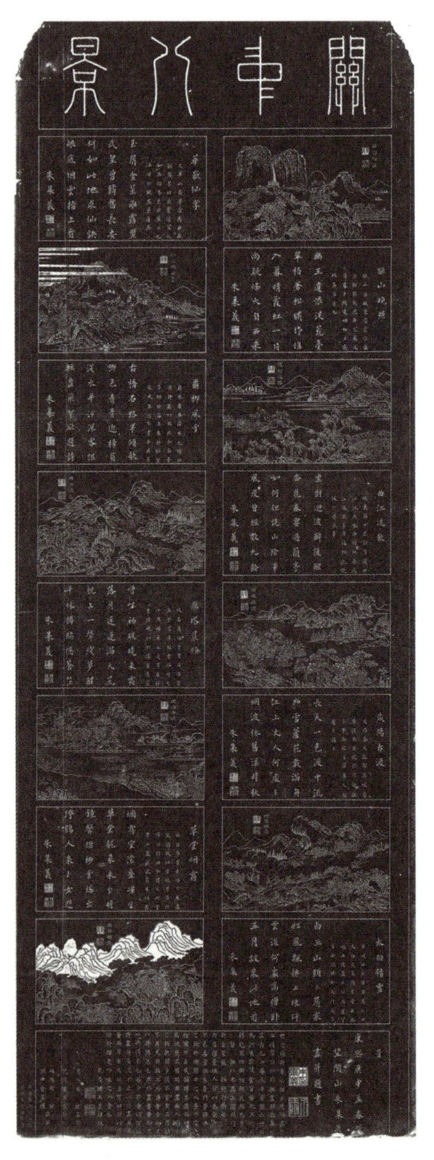

关中八景图（拓片）

关中八景

明清之际，八景文化开始盛行。全国各地纷纷评出自己的八景，这些景致大多融自然、人文为一体，是别具特色的地域文化展示。关中八景分别为“华岳仙掌”“骊山晚照”“灞柳风雪”“曲江流饮”“雁塔晨钟”“咸阳古渡”“草堂烟雾”“太白积雪”，“华岳仙掌”为关中第一景。清康熙十九年（1680），时任河东盐使的朱集义咏诗作画，将关中八景绘成《关中八景图》，后又将其刻成石碑。这通石碑现藏于西安碑林博物馆。

课程链接

人教版《道德与法治（一年级）》下册《我和大自然》

人教版《科学（三年级）》下册《土壤和岩石》

人教版《道德与法治（六年级）》下册《爱护地球　共同责任》

1. 所谓“五岳归来不看山”，说说五岳各自的自然地理特色和文化特色。

2. 民间故事“劈山救母”和动画片《宝莲灯》都和华山有关。结合华山的相关景点叙述这则故事。

□ 中国地质地貌博物馆

——翠华山

秦岭造山带是典型的复合型大陆造山带。秦岭因其地质科学内容丰富、集中且富有代表性，长期受到国内外地学界的关注。秦岭终南

翠华山一景

世界地质公园标识

山因保存着中国最完整、规模最大的山崩景观而在2009年被联合国教科文组织批准为世界地质公园，其核心园区为翠华山。

站在西安市的某一处向正南方向望去，那座最高大的山峰就是翠华山。翠华山山体高耸陡峻，风景旖旎，有“终南独秀”“中国地质地貌博物馆”和“山崩天然博物馆”的美称。走进翠华山，只见高峰环列，峭壁耸立，重峦叠嶂，美不胜收。

翠华山海拔2132米，原名太乙山，传说古时候有一位名叫太乙真人的仙人在此修行得道，这里因此得名。还有人认为，西汉时期此处建有太乙宫，因而这里得名太乙山。而关于“翠华”一名的由来则要说到民间的一个传说。

很久以前，在渭河以北的泾阳县有一个名叫翠华的姑娘，她父母早亡，与兄嫂一起生活。后来，翠华姑娘私下与自己的意中人潘郎定了终身，而贪财爱富的兄嫂却将她许配给了咸阳城里一个王姓的富豪为妾。翠华姑娘坚决不答应。她一个人偷偷来到潘郎住处，正待敲门，却突然听到狗的狂叫声，她以为是兄嫂追来了，于是就把随身带的纺线系在潘郎家门前的树上，手拉纺线直

翠华姑娘汉白玉石像

奔太乙山，并期待潘郎能够顺着纺线找到她。翠华姑娘失踪后，兄嫂四处打听寻找。后来，他的哥哥在太乙山上的一个石洞旁看到翠华姑娘坐在那里，便上前要带妹妹回家。而正在此时，天空中突然一阵霹雳，霹雳过后，一群身着彩衣的仙女从天而降，簇拥着翠华姑娘乘风冉冉升空，最终消失在天空中。翠华姑娘的故事在当地广为传颂。每年农历六月初一，当地人都要在太乙山翠华姑娘升天的地方举办庙会，这个习俗一直流传到今天。为了纪念翠华姑娘，人们把太乙山改称为翠华山，在天池畔修建了翠仙宫，里面还有翠华姑娘汉白玉石像。今天，翠华姑娘的传说成为西安市长安区区级非物质文化遗产，陕西秦腔还有《翠华姑娘》一剧。

翠华山山崩地貌是一大地质奇观。山崩，又称山体滑坡、山泥倾泻或土溜，是指在重力的影响下岩土沿着一段山坡下滑的坍方现象。

翠华山孤峰

翠华山奇石

坍方时，若土体混合了雨水或河水，山崩则会演变成土石流。为什么翠华山会发生这样规模宏大的山崩呢？一是因为地质运动，二是因为地震。在翠华山上升过程中，曾伴随着几次断裂运动，关中盆地不断下沉，秦岭北侧形成了一条东西向的大断裂带，而翠华山正处在这条大断裂带上。翠华山的花岗岩山体由于受到多次构造运动的影响，急剧上升，山坡坡度变陡，高峻陡峭的山坡变得不稳定，于是就出现了山崩。另外，地震也可以引起山崩。1556 年关中华县发生了一次八级大地震，造成大量人员伤亡。在这次地震中，著名的小雁塔从上到下裂成两半，翠华山则地动山摇，巨石滚滚，最终形成了很多孤立的残峰。这是翠华山最近的一次山崩，从此，它安静了将近五百年。

翠华山上由山崩形成的特殊地貌随处可见，而且保存完好。最让人称奇的是“四奇”，即崩裂的奇石，巨石叠垒形成的冰风奇洞，因山崩而形成的堰塞湖和残峰断崖。堰塞湖是“奇中之奇”。山崩后山谷两侧形成的垂直断裂面如同天然大坝堵截了河水，形成了 0.14 平方千米的堰塞湖，湖水清澈，烟波浩渺，成为秦岭中的一颗璀璨明珠。它就是翠华山天池。

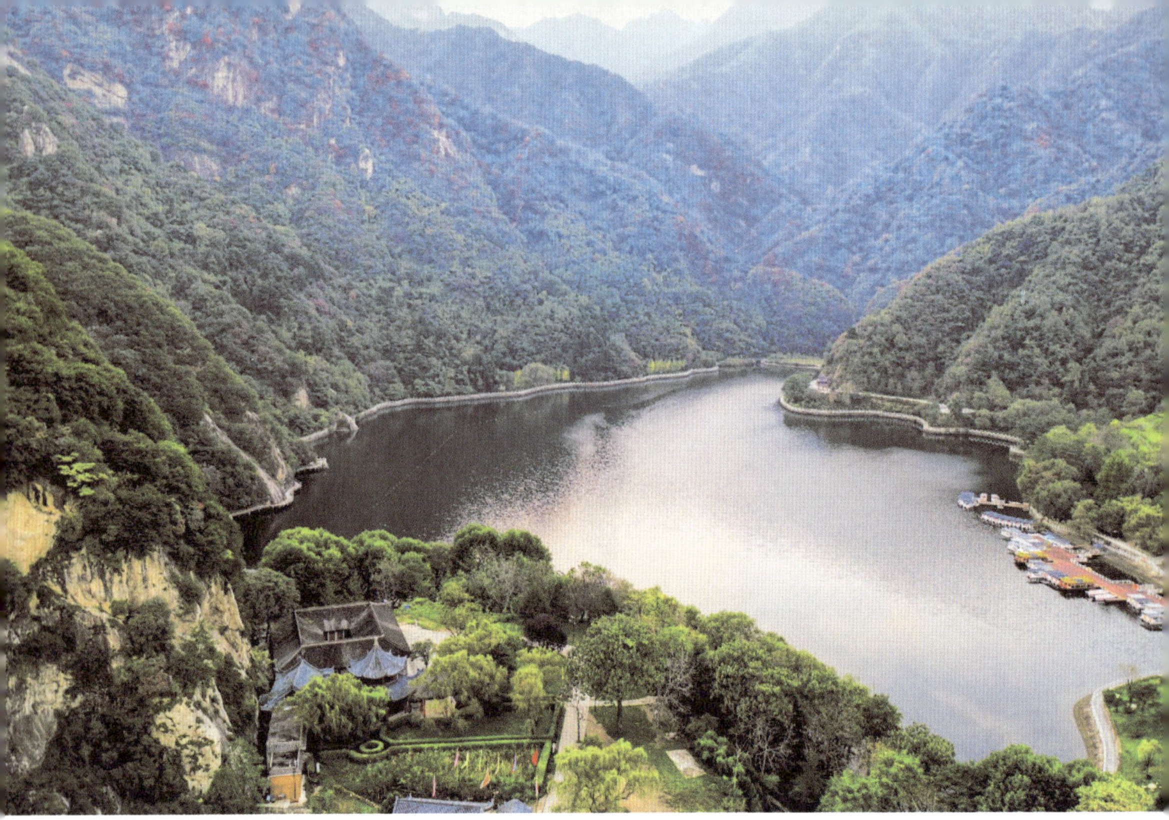

翠华山天池

基地链接

翠华山景区

翠华山景区以国内仅有、世界罕见的“中国山崩奇观”享誉世界。翠华山景区不仅有山崩奇观、神山圣水、高山天池、冰风奇洞，还有千亩高山杜鹃、万亩秦岭草甸。此外，翠华山景区设立了览胜翠华山、植物大观园、骑行秦岭北麓、穿越南五台、寻访终南山、天文观测等特色项目，是中小学生走进大自然、拓宽知识视野、探索大自然奥秘的基地。

人物档案

李希霍芬

李希霍芬（1833—1905），德国地理学家、地质学家，近代中国地学研究先行者之一。他曾七次对我国各地进行地质人文考察，足迹遍布十四个省，他的考察报告《中国》奠定了我国地理学和地质学的基础。1871 年至 1872 年，他第七次对我国进行地质考察。这一次他先后考察研究了湖南张家界、山西大同、山西太原、陕西西安，以及四川的许多地方。他在西安考察后提出了黄土高原成因的“风成说”。在秦岭南麓，李希霍芬开展了卓有成效的地质考察工作。他搜集资料，采集化石和岩矿标本，绘制地形图、地质图和地层剖面图。这次考察把秦岭的名字推向了世界，使秦岭具有了真正的地质学意义。而以西安为起点，通往中亚和欧洲的古代商贸通道——“丝绸之路”，也是他命名的。

李希霍芬

《李希霍芬中国旅行日记》书影

课程链接

人教版《道德与法治(一年级)》下册《我和大自然》

人教版《科学(三年级)》下册《土壤和岩石》

人教版《语文(六年级)》上册《只有一个地球》

探究思考

1. 结合学过的地理知识，探讨秦岭的形成过程。

2. 了解最新的《陕西省秦岭生态环境保护条例》和《西安市秦岭生态环境保护条例》，谈一谈你能为保护好秦岭的自然生态环境做些什么.

交通文化

微信扫码，领取
本书电子书

□ 更谁开捷径
——商於古道

唐代诗人温庭筠有一首《商山早行》：“晨起动征铎，客行悲故乡。鸡声茅店月，人迹板桥霜。槲叶落山路，枳花明驿墙。因思杜陵梦，凫雁满回塘。”这是诗人在商於古道写下的千古名篇。

陕西关中号称“四塞之固”，东西南北都有天然要道，其中联通今天河南南部和湖北的要道叫作商於古道。这是一条古代的军事、政治、贸易和文化往来之道，由商邑（今陕西省商洛市）通往柒於（今河南省内乡县），全长约300千米，秦汉时被称作武关道，唐时被称为商山道或商州道。古道由丹江水道和人工开辟的旱道组成，其上共设有17个驿站，其中灞桥驿、青泥驿、蓝桥驿、武关驿等，都是古代诗歌常常提到的。这条道路将关中、西北地区和长江中下游地区紧紧联系在一起。人们可以从商於古道通过汉水和秦巴古道，来往于西南地区与中原地区之间。在古代，这是一条无法替代的交通线。

商於古道是战国时期秦楚两国的交通要道，两国为了争夺这块战略要地多次爆发战争，最后以秦国的胜利告终。屈原的《国殇》就是为纪念在其中的一次战斗中牺牲的楚国将士而作。卫国的公孙鞅来到秦国实行变法，秦孝公把这块要地封给他，公孙鞅从此被称为商鞅。在秦统一战争中，商於古道是秦国攻打楚国的战略要道。商於古道在古代还是关中的东南大门。秦末刘邦攻入关中就取道这里，而绕开了秦军重兵把守的函谷关。清朝初年，农民起义领袖李自成率军从北京撤回西安，在潼关和清兵交战失利，只得放弃西安，从商於古道撤往湖北。据史书记载，在这里发生的战争有50多次。

屈原画像

商於古道地连秦楚，物兼南北，是联通今陕西、山西、河南、湖北的交通枢纽，在和平时期自然就成了支撑古代全国交通运输、经济贸易的南北大通道，且越到后期，商於古道的这种交通、商贸枢纽的作用就越突出。安史之乱时，中原大部分地区都被叛军占据，富庶的江南一带的战略物资却还能够通过商於古道被源源不断地输往长安，保障了平叛战争的最后胜利。如果叛军阻断了这条道路，历史将很有可能会被改写。无论是唐朝的官员到南方各地上任，还是南方的士子到长安考试，都必经此道。这条繁忙的道路熙熙攘攘，行人不绝。当时

曾有人作诗曰:“商山名利路,夜亦有人行。”(《商山》)

到明代中后期,随着丹江流域居住人口的不断增加以及丹江航运的开通,商於古道上的商业运输更是繁荣。东南地区生产的生活用品经此道的陆路或水路被运至龙驹寨,再转至长安等地,继而被输往内蒙古、新疆、甘肃、青海等地。同时,内陆的货物也沿此线路运抵长江口岸重镇汉口。在这条繁忙的商贸大道上,主要的生意由陕西商人和山西商人垄断,他们经商有术,待人和善,因此人们亲切地称陕西商人为“老陕”,称山西商人为“老西”。

商於古道还是一条文化路、诗歌路。历史上曾经有两百多位文化名人从此道经过,李白、白居易、韩愈、元稹等著名诗人都在此留下了许多有趣的故事和不朽的诗文。白居易《登商山最高顶》当属其中

丹江

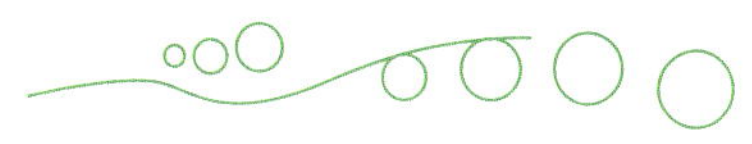

的名篇："高高此山顶，四望唯烟云。下有一条路，通达楚与秦。或名诱其心，或利牵其身。乘者及负者，来去何云云。我亦斯人徒，未能出嚣尘。七年三往复，何得笑他人。"当代作家贾平凹以商於古道为背景创作的长篇小说《秦腔》，荣获了第七届茅盾文学奖。

《秦腔》书影

商於古道的旱路始于春秋战国时代，其路线是古人经实地考察后精心选择设计的。在没有任何自动化机械可用的时代，劳动人民使用刀斧在秦岭的崇山峻岭中开辟出这样一条道路，其艰辛程度实在令人难以想象。如今，国道的选线几乎和商於古道重合，可见两千多年前的古人拥有何等的智慧。

基地链接

商於古道文化景区

商於古道是古都长安通往东南地区的重要通道，素有中国"诗歌路""商业路""名利路"之称。商於古道文化景区是中小学生研学旅

行基地。这里有以中华文明为基调，以先秦时期商於古道历史文化典故、秦楚融合之地的生活方式和秦岭—丹江一带的生态资源为重要内容的大量文化遗存和自然景观，是弘扬传统文化、欣赏大美秦岭、体验陕南特色乡土文化的平台。

人物档案

商山四皓

汉惠帝刘盈画像

商山四皓是秦始皇时七十名博士官中的四位，他们分别是东园公、夏黄公、绮里季、角里先生。他们四人后来隐居于商山（位于今陕西省商洛市境内），刘邦建立西汉时他们早已年过古稀。刘邦和吕后只有一个儿子刘盈，他生性懦弱，很不讨刘邦喜欢，而戚夫人所生的儿子刘如意则聪明过人，刘邦便慢慢有了换太子的打算。吕后因此惴惴不安，忙请来留侯张良商量，并采纳了张良的建议，请商山四皓出山辅佐太子。在一次宴会上，刘邦看到太子背后站着四位白发苍苍、衣冠奇特的老者，一打听才知道原来他们就是德高望重的四皓。刘邦问他们：“我多年前一再寻访诸位，你们避而不见，现在为何自己来追随我的儿子呢？”四皓回答道：“听说太子仁厚孝顺，恭敬爱士，天下之人无不伸长脖子仰望，期待为太子效劳，所以我等自愿前来。”刘邦见此，只好打消了换太子的念头。刘邦去世后，太子顺利继位，成为汉惠帝。

商山四皓辅佐太子刘盈

事件回放

秋毫无犯

公元前206年，反秦义军的领袖项梁战败被杀后，项羽和刘邦的队伍成为义军的主力。义军名义上的领导人楚怀王熊心派宋义、项羽渡过黄河北上去解救一支被秦军包围的义军，派刘邦向西进攻关中，并与诸将约定“先定关中者王之”。趁着项羽和秦军主力在黄河以北鏖战之机，刘邦率军向西进发。在和秦军多次交战不利的情况下，刘邦调整了战略，不和秦军正面交锋，而是绕过敌人重兵布防的函谷关，从东南方向经过敌人疏于防守的商於古道迅速攻入武关，并在这一年的十月出秦岭，兵临秦朝的统治核心区——关中。秦王子婴看见大势已去，只得向刘邦投降，秦朝从此灭亡。后来，刘邦宣布废除秦朝苛法，与关中父老约法三章：“杀人者死，伤人及盗抵罪。”刘邦的军队所经之处，军纪严明，秋毫无犯，深得人心。这为刘邦以后击败

项羽，建立西汉奠定了基础。

韩湘染牡丹

韩愈画像

韩湘子画像

唐宋八大家之首的韩愈有一个侄孙，名叫韩湘。据说，他二十多年来一直在外远游，不与家人通信。有一天，他忽然回到长安投奔韩愈，韩愈让他和自己的子侄们一起在学馆中读书。韩湘却无心念书，每天举止古怪，还告诉同学他曾跟吕洞宾学过神奇的道术。韩愈生气地斥责他："一个人不好好学一点技艺，将来拿什么养家糊口。你不肯读书上进，整天醉生梦死，到底想干什么？"韩湘说："我也读书，只是内容与您读的有所不同罢了。"韩愈让韩湘展示一下自己的才学，韩湘就围着一株开紫花的牡丹树忙开了。一个月后，这棵牡丹树竟然开出了红、白、绿三色花，每朵花上还隐约浮现出紫色的字迹，连起来是两句诗："云横秦岭家何在，雪拥蓝关马不前。"后来，韩愈因为得罪了皇帝，被贬为潮州刺史。韩愈从长安出发，来到了商於古道上的蓝关，

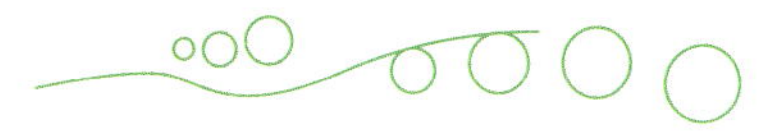

在漫天风雪中看到韩湘早已在此等候多时,韩愈这才明白韩湘并非肉体凡胎，而是一个未卜先知的神仙。韩愈感慨万千，当即写下了七律《左迁至蓝关示侄孙湘》:“一封朝奏九重天，夕贬潮州路八千。欲为圣明除弊事，肯将衰朽惜残年！云横秦岭家何在？雪拥蓝关马不前。知汝远来应有意，好收吾骨瘴江边。”据传说，这个能让牡丹花变颜色的韩湘就是“八仙”之一的韩湘子。

典制溯源

驿　站

驿站是古代供传递政府文书的人及来往官员中途换马,或休息、住宿的场所。殷墟出土的甲骨文里有与传递信息有关的文字，从中可知周朝已经有烽火台及邮驿用于传递军事情报。秦汉时期全国每 15 千米就建一个驿站，由太尉执掌。唐朝驿站遍设全国，分为陆驿、水驿和水陆兼办三种。安史之乱爆发，六天后消息即传至当时的国都长安，可见驿站的效率之高。岳飞一日之内在前线接到的 12

驿站邮票

盂城驿站

道金牌，也是由驿站快速传递来的。各驿站都设有驿舍、驿丁、驿马、驿驴、驿船等。驿舍供人住宿，驿马、驿驴、驿船都是交通工具，驿丁也叫驿夫，是驿站的工作人员。明末农民起义领袖李自成就当过驿夫。江苏省高邮市至今仍保存着一座驿站——盂城驿，它是全国规模最大、保存最完好的古代驿站。

课程链接

人教版《道德与法治（三年级）》下册《多样的交通和通信》

人教版《道德与法治（五年级）》上册《骄人祖先　灿烂文化》

探究思考

1. 为什么说商於古道是古代政治、军事、经济、文化交流的大通道？

2. 查阅相关资料，找一找，还有哪些描写商於古道的诗歌？

□ 秦塞通人烟
——石门栈道

横亘我国东西的秦岭山脉阻碍了南北方向的交通，由于陕西通往四川必须经过秦岭，两地之间的来往就显得尤其困难。唐代诗人李白经过秦岭时就有“蜀道之难，难于上青天”（《蜀道难》）的感慨。经过秦岭，联结陕西与四川的交通要道是栈道，它是和京杭大运河、长城等比肩的中国古代十大建筑奇迹之一。

栈道是翻越秦岭的“高速公路”，是一项工程浩大的人类奇观。栈道修建在陡峻的山壁上。修建栈道，首先得在山崖上凿出很深的洞孔——栈孔，栈孔的深度至少 1 米，再把巨大结实的木头一端插入栈孔，另一端悬空作为路基，路基上铺上木板作为路面，最后在外侧加装护栏。如此一来，一段栈道就算完工了。栈道的木板路基宽约 6 米，可通行的路面宽约 5 米，这是栈道的标准。有的栈道为了结实耐用，用石条当作路基，这种栈道叫作石栈。为了延长栈道的使用寿命，古人还在栈道上面加上了一层防雨棚，既防雨淋又防日晒。栈道是一条空中走廊，路面距离枯水期的河面 8～9 米，下面就是幽深的峡谷和滚滚的河水。翻越秦岭到汉中盆地的栈道是秦栈，一共有 4

紧闭的石门

石门栈道

古栈道留下的栈孔

条。从汉中盆地通往四川，还要翻越许多大山，经过这些大山的栈道是蜀栈，一共有3条。秦栈和蜀栈合起来就是秦蜀栈道，其会合处在汉中盆地。古人在交通不便的地方修建了许多栈道。今天能够看到的90%的古栈道都在汉中市，汉中市因此被称为“中国栈道之乡”，而石门栈道则是其中最著名的栈道。

石门栈道在秦岭褒谷南口，包括栈道和石门两部分。栈道修建在褒河西岸，与河道平行，是褒斜道最具代表性的一段。为了翻越秦岭前往巴蜀，古人沿褒河河谷的悬崖凿孔，以横木为梁，竖木为柱，在上面铺上木板，临河一侧装上栏杆，形成临空的栈道。从秦岭北麓的斜谷口翻过秦岭直达南麓汉中褒谷口的这一条栈道叫作褒斜道或褒斜栈道、褒斜古道。

石门是栈道最南端一个人工开凿的石洞，是世界上最早

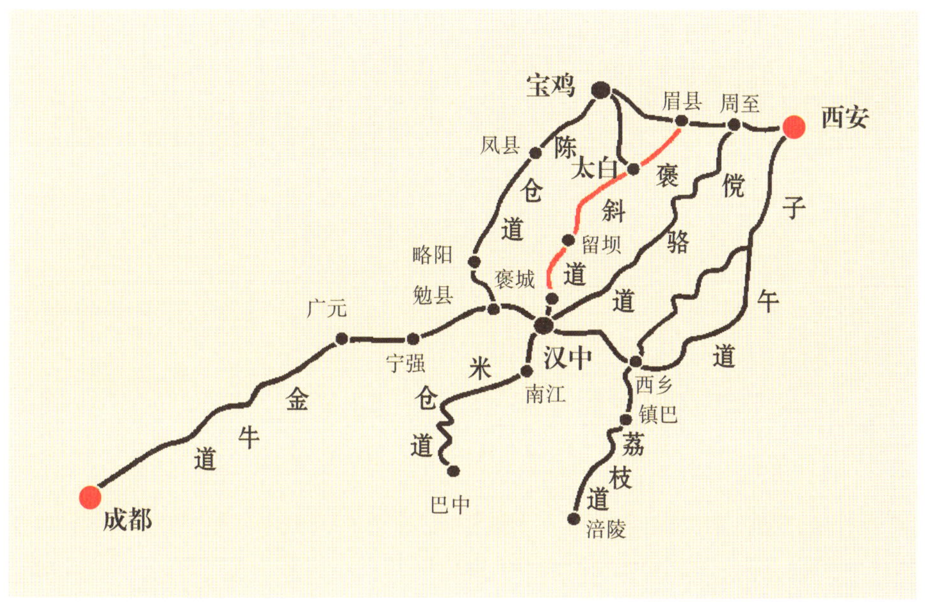

褒斜道及其他古道示意图

的人工交通隧道之一。东汉时人们重修栈道，为了减少工程量，就在原来必须迂回而过的山体上开凿出一个通道。开凿时先用大火将山体烧得通红，然后浇上冷水使石头炸裂，所以洞壁上看不到斧凿痕迹。石门东壁略长，西壁稍短，南口低而宽，北口高而窄，门楣上有三个大字“别有天”。石门虽然没有使栈道缩短多少，但在当时是一个奇迹，在今天仍然是一个奇观。从古至今，褒谷南口还修建了不少水利工程，造福了一方百姓。其中极具代表性的是山河堰和褒惠渠，以及 20 世纪六七十年代修建的石门水库。由于石门水库抬高了褒河水位，石门和一部分栈道沉入库底，所以，我们今天看到的是照原样修建的石门和栈道，它们依旧宏伟险峻。

基地链接

石门栈道景区

石门栈道景区以褒谷口为中心，石门水库为依托，汇集了栈道文化、褒国文化、水文化、两汉三国文化，以及摩崖石刻文化。其中闻名于世的褒斜道、石门和石门摩崖石刻早在 1961 年已被国务院列为第一批全国重点文物保护单位。景区内林木苍翠、奇峰峥嵘，既有雄伟壮观的石门大坝和烟波浩渺的石门水域风光，又有底蕴深厚的人文历史遗迹。

人物档案

褒　姒

褒姒雕像

褒姒是西周时期的褒国人，名姒，相传是大禹的后人。大禹治水时，他的儿子有褒氏帮助父亲立下大功，被封到汉中，建立褒国。周武王伐商的战争中，褒国是西周坚定的盟友，因而在周朝建立后成为一方诸侯。后来，褒国国君因为得罪了昏庸的周幽王被囚入狱，国人为了搭救褒君，把褒国美女褒姒献于周幽王。周幽王对褒姒宠爱有加，加之褒

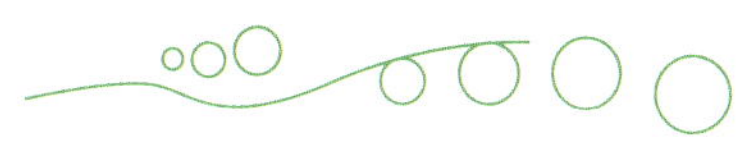

姒又为他生了儿子伯服，周幽王就废黜了王后——申后和她所生的太子宜臼，改立褒姒为王后、伯服为太子。后来，申后的父亲要为女儿和外孙讨个说法，联合犬戎出兵镐京。周兵抵挡不住，周幽王、褒姒、伯服仓皇出逃，后在骊山被追上，周幽王被杀死，褒姒下落不明。

萧　何

褒河，又名山河水。刘邦在汉中南郑做汉王时，萧何主持了引褒河灌溉农田的水利工程——山河堰。作为汉中最早的灌溉工程，它与关中的郑国渠、白公渠和四川的都江堰齐名于世。刘邦北出秦岭攻占关中，东进中原与项羽大战，萧何则一直留守后方。有了山河堰，加之持重的萧何经营大后方，刘邦在前线便无后顾之忧。刘邦定鼎中原后曾感慨地说过：“安抚后方，提供后勤保障和源源不断的兵员，使将士无衣食之忧，我比不上萧何！”和萧何一起主持山河堰工程的是曹参。当地人民感念萧何、曹参的功德，为他们建了庙宇——山河观。每年重阳佳节，人们都纷纷来山河观祭祀，感怀这两位古人。

萧何画像

事件回放

明修栈道，暗度陈仓

公元前 207 年，秦的统治结束了。项羽大封诸侯，刘邦被封为汉

韩信画像

王，属地为汉中和巴蜀，国都为南郑。为了提防刘邦北出秦岭，项羽又封了三个秦降将为王，让他们作为自己的盟友管理关中及其以北一带，堵住刘邦的出路。刘邦南下时，听从了张良的建议，一把火烧了子午栈道，秦岭山中烈焰腾腾，黑烟冲天。刘邦这一举措是向项羽等人表明自己安于现状，没有任何野心，从而麻痹他们。后来，刘邦听从萧何的建议，拜韩信为大将，故意派了少量兵力重修栈道。这一点兵力要在短期内完成这一艰巨的工程让人根本无法想象，所以，项羽的三位盟友谁也没有将此事放在心上。知道敌人已经放松警惕，韩信便指挥汉军从另一条古道——陈仓道突然北上，出现在关中平原，乘势横扫“三秦”，拉开了楚汉相争的序幕。

成也萧何，败也萧何

萧何、韩信和张良是刘邦建立西汉的功臣，并称“兴汉三杰”，其中萧何还是韩信的知音。韩信原本是项羽帐下的一名低级将领，后来投奔了刘邦，并随刘邦进入汉中。虽然刘邦没有重用韩信，但是萧何慧眼识英雄，非常赏识韩信，并多次在刘邦面前举荐韩信，都始终没有得到刘邦的回应。当时刘邦手下多是函谷关以东的人，大家思乡心切，纷纷翻越秦岭逃跑。有一天刘邦发现萧何也跑了，心里很是气愤。过了几天，萧何又回来了，原来他并没有逃跑，而是去追一个人，这个人就是韩信。原来韩信见刘邦不能起用自己，也踏上了逃跑之路，萧何闻讯急忙追赶，在褒斜道石门附近一个名叫马道的地方追

上了韩信。萧何最后一次将韩信推荐给刘邦，刘邦同韩信进行了一番长谈后，觉得与韩信相识恨晚，立即拜韩信为大将。平定“三秦”后，刘邦和项羽在中原一带连年大战，刘邦大都落于下风，韩信则率领少量兵力北渡黄河，在山西、河北、山东一带屡战屡胜，最后和刘邦合兵一处，在垓下一战中彻底击败项羽。西汉建立后，刘邦剥夺了韩信的兵权，并疑心韩信要造反。有一次刘邦出外平叛，在他的授意下，萧何把韩信骗进皇宫，韩信随即被吕后以谋反罪杀死。这就是成语“成也萧何，败也萧何”的出处。

名物疏解

栈　道

在古代，从关中进入巴蜀，只能走栈道。栈道是由原先自然形成的山间谷道经人工修建而成的。翻越秦岭、沟通关中和汉中的栈道有四条，由西向东分别为陈仓道、褒斜道、傥骆道、子午道，合称北栈或者秦栈。子午道是刘邦来汉中时走的路。傥骆道依傥水和骆水而

褒斜栈道

建，南口位于今汉中市洋县傥水河口，北口位于今西安市周至县西骆峪。褒斜道南起褒谷口，北至眉县斜谷口，相对来说路线较直，交通价值也最高。陈仓道北口在大散关，南口在勉县，这条栈道不经过汉中，而是从汉中以西的勉县通往成都。从汉中盆地到四川有三条栈道，分别是西面的金牛道、中间的米仓道和东边的荔枝道，合称南栈或蜀栈。

木牛流马

看过小说《三国演义》的人都记得诸葛亮北伐时所用的运输工具——木牛流马，这是两种在崎岖难行的栈道上行走的半自动化机械。诸葛亮北伐时以汉中为大本营，从四川运来的粮草和武器还要经过栈道转输至秦岭战场，其难度之大、成本之高，超乎想象。由于栈道太窄，十分曲折，路面高低不平，无法让牛马运载物资通过，而人工运输负重太少效率太低，于是诸葛亮发明了木牛和流马。木牛流马里面装有齿轮一类的装置，可以大大节省人力，今人估算其每一车可以装载200千克左右的粮食，日行程10~15千米，通过栈道大约需要一个月。后人推断，木牛比较大，是一种前面有车辕的人力车，流马类似独轮车。木牛流马的制作方法没有流传下来，传说科学家祖冲之后来还曾复制过木牛流马，但他的木牛

诸葛亮雕像

流马是否能跑起来则不得而知。

川陕公路

川陕公路是民国时期修建的，沟通陕西、四川，连接西北、西南的重要交通干线，于 1937 年正式全线开通。川陕公路秦岭一段分为三个部分：西安—宝鸡、宝鸡—汉中、褒城—棋盘关。川陕公路穿越秦岭与大巴山，由成都平原直通关中平原，沿途雄关峙立，峻岭绵延，有壁立千仞的剑门关、西秦第一的棋盘关，还有铁马秋风的大散关。川陕公路是抗日战争期间的“生命线”，在多地沦陷的时候，这条公路联系起了大西北、大西南两个后方，使战略物资、士兵可以被源源不断地运往抗战前线。1944 年夏天，陪都重庆岌岌可危，从陕西南下的三个军就是经过川陕公路及时抵达战场，挫败了日寇的攻势。解放战争中，贺龙率领的中国人民解放军第一野战军第十八兵团

西汉高速宁强棋盘关

也是通过川陕公路直捣成都，将国民党反动派在大陆的最后一支军队一网打尽的。

课程链接

人教版《道德与法治（三年级）》下册《多样的交通和通信》

人教版《道德与法治（五年级）》上册《骄人祖先 灿烂文化》。

1. 为什么说栈道的修建是我国古代劳动人民智慧的体现？

2. 看一看褒斜道地图，了解它的走向，想一想为什么褒斜道被称为“蜀道之冠”？

3. 近代川陕公路的修建对于抗日战争的胜利有什么意义？

历史文化

□ 帝业兴隆俊杰多
——栎阳古都

讲 述

公元前383年，秦国把国都从雍（今陕西省凤翔县一带）迁到了栎阳（今西安市阎良区一带），准备以此为根本，向东进军，收复被魏国占领的黄河西岸旧土。二十多年后的一天，栎阳南门突然比往日热闹了许多，原来这里竖起了一根三丈多高的木头，上面贴有告示：有人能把它移到北门的，赏金十两。人们对此感到莫名其妙，议论纷纷，没有人敢去搬动木头。好多天过去了，木头还原样竖在老地方。

徙木立信

不久，告示上的赏金变成了五十两，有一个年轻人实在沉不住气了，半信半疑地把木头扛到了北门，他后面还跟着长长的围观队伍。这时秦国新任的左庶长商鞅走了

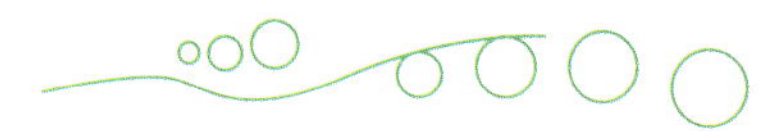

过来，递给他五十两金子说：“你能够相信和执行我的命令，真是一个好国民。”商鞅又对围观的人说：“我可是一个说话算话的人！”第二天，变法的条文就公之于众了，这就是“徙木立信”的故事。

栎阳瓦当

秦国原本是西周的附庸小国，位于今天甘肃省天水市一带。周平王东迁时，秦国派兵护送，于是周平王便将秦国封为诸侯国，并且赏赐关中之地，此后，秦国开始向东拓展。由于秦国处于西方偏僻之地，经济、军事和文化都比较落后，所以被中原各个诸侯国认为是荒蛮之国。秦孝公即位后，任用商鞅进行变法，十几年后，秦国迅速强大起来，河西失地也被其收复，东方诸侯纷纷向秦国朝拜祝贺。此时，秦国的目标已

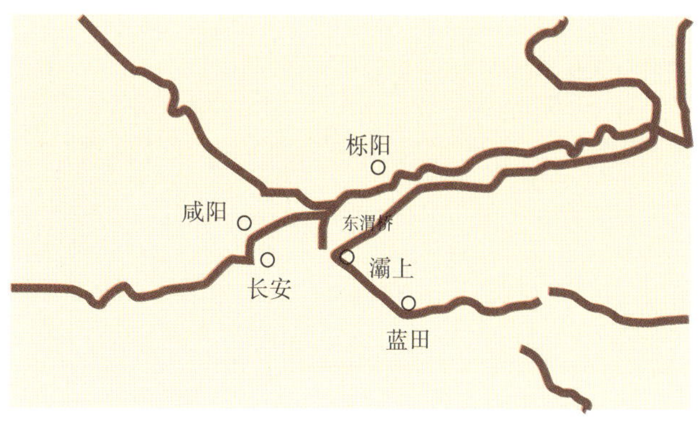

栎阳方位示意图

经对准了函谷关乃至更远的东方，而国都栎阳的位置有些偏北，又不在东去的交通要道上，所以，地理位置更佳的咸阳最终取代了栎阳，成为秦国国都。公元前 350 年，秦孝公宣布把国都迁往咸阳，栎阳做了三十三年的国都，终于完成了自己的使命，把更重要的任务——统一全国，交给了新的国都。

栎阳原本叫作栎邑，在秦国由弱变强的转折时期做过秦国国都，此后仍是秦国的大城市，是拱卫咸阳的重要城市，也是重要的屯兵、囤粮之地，还是秦国一处重要的兵器生产基地，具有重要的军事意义。最终，统一的秦王朝仅仅维持了十五年，就被农民起义军推翻了。刘邦夺取关中后以栎阳为后方基地，开始和项羽争夺天下。刘邦以萧何坐镇栎阳，辅佐太子，征集粮草兵卒，并及时将其运往前线以供军需。楚汉战争历时四年，刘邦最终建立西汉，定都长安。在长安

栎阳城遗址

城尚未修筑完工之前，栎阳可以说是西汉实际意义上的国都。

秦国把都城迁到咸阳后，咸阳的规模逐渐扩大。秦国每灭掉一个国家，就在咸阳复制一座该国的宫殿，咸阳北部地势高低不平，秦国就把目光放到了渭河南岸。秦统一后的咸阳以渭河为界，分为南北两部分，城市的建筑主体都在河南岸。秦朝灭亡时，咸阳城和城郊的阿房宫均毁于战火。刘邦称帝后，决定在关中建立都城，他最后选择了一个叫作长安的乡聚，决定在这片土地上开始建设新国都。四年的国都建设期间，西汉政府的办公场所还在栎阳。汉长安城完工后，成为当时世界上最大的城市，张骞开辟丝绸之路就是从这里出发的，这座城市存在了七百多年。隋朝建立后，隋文帝在汉长安城的东南方向建了一座更大的城市——大兴城，后来唐朝继续在此定都并将这座城市更名为长安。唐长安城是第二座以“长安”为名的城市，和汉长安城异地同名，由伟大的城市规划大师宇文恺设计，城市布局整齐，辉煌大气，有一百万以上的人口，许多国家的都城规划都以此为蓝本。唐朝末年，气象恢宏的长安城墙被拆毁，仅存的部分经过历代不断加固整修，成为今天的西安城墙。

基地链接

秦汉栎阳城遗址

秦汉栎阳城遗址位于今西安市阎良区，这里曾是秦孝公时期秦国

栎阳城遗址纪念碑

的国都，也是楚汉之际塞国的国都，被誉为中国的改革之都、法治之都。通过多年的勘探和发掘，战国至西汉时期总面积达 30 多平方千米的 3 座不同时期的栎阳城先后被发现，它们附近的战国郑国渠和汉白渠遗址也同时被发现。栎阳古城是了解秦汉文化的重要场所。

人物档案

秦孝公

秦孝公名渠梁，战国时期秦国君主，秦献公之子，公元前 362 年—公元前 338 年在位。当时的秦国位置偏僻，被诸侯们疏远，也无缘参加中原各诸侯国的盟会。秦孝公在位期间致力于恢复秦穆公时的霸业，颁布著名的求贤令，任用商鞅进行变法，建立县制行政，奖励耕战，将秦国打造成为富裕强大的国家，为秦国兼并六国奠定了扎实的基础。秦孝公死后，秦惠文王继位，商鞅在政治斗争中被杀，但

秦孝公雕像

商鞅雕像

是变法法令并没有被废除。

事件回放

高祖讥父

刘邦是西汉的建立者，是刘太公的第三个儿子，本名刘季，他还有两个哥哥：刘伯和刘仲。传说刘邦年轻时家境平平却出手阔绰，结交了一批朋友，整天吃喝赌博，斗鸡走狗，不务正业。刘太公劝儿子要把心思放在正事上，多经营土地，多购置田产，尤其要向二哥刘仲学习，刘邦一句也听不进去。楚汉相争时，刘邦避而不战，项羽无计可施，便抓来了刘太公，将其放在两军阵前的一块案板上，并放言：若刘邦不投降，就把刘太公杀了炖汤。刘邦说：“你我二人有手足之

谊，我的父亲也就是你的父亲，如果你要烹了他，别忘了也让我吃上一杯肉羹。”项羽没见过这样恬不知耻的人，只好作罢。刘邦定都关中后，因为新都长安城还在修建中，中央政府暂时设在栎阳，刘太公也被安置在这里。未央宫修好后，刘邦把父亲从栎阳接来，和大臣们一起为刘太公摆宴祝酒，喝得醉醺醺的刘邦对父亲说：“从小你就嘲笑我干不成什么大事，是一个无法谋生的人。今天你倒是说一说，我的成就比起二哥来说，谁大谁小？”刘太公没想到自己的儿子当了皇帝还是这般做派，气得一句话也说不出来，又搬回栎阳去住了。

汉高祖刘邦雕像

名物疏解

三　秦

秦朝灭亡后，项羽违背了“先入关中者王之”之约，凭借自己强大的军事实力，对灭秦的势力进行了分封。他故意把刘邦封在秦岭以南偏远的汉中和巴蜀地区，建立汉国。为了防止刘邦的势力越过秦岭往关中和中原发展，项羽在秦国旧地建立了三个诸侯国：塞国、雍国和翟国，封秦降将章邯为雍王、司马欣为塞王、董翳为翟王，人称“三秦”，咸阳成了“三秦”的分界点。这三个国家存在

的时间很短，最终都被刘邦消灭。西汉建立后，关中被分为三个郡：京兆、左冯翊、右扶风，也被称为“三秦”。王勃《送杜少府之任蜀州》中的“城阙辅三秦”指的是后者。

陕　西

公元前 1046 年，周武王率领诸侯伐商，商朝的最后一位君主商纣兵败自焚而死，从此西周取代商，定都镐京，姬发就是周武王。仅仅过了两年，周武王去世了，儿子姬诵继位，这就是周成王。由于成王年幼，天下初定，叔父周公姬旦便暂时代替周成王治理天下。西周的疆域比较辽阔，在当时的条件下管理起来比较困难，政务缠身的周公几乎没时间休息，甚至一顿饭都要分三次才能吃完。于是，周公和弟弟召公姬奭决定联合摄政，以陕为界限，把天下分成东西两大行政区域，陕以东由周公治理，陕以西由召公治理，在分界之处立了一根石柱。陕就是今天的三门峡一带，虽然周公和召公联合治理的时间并不长，但是“陕西”这个地理名词却流传了下来。“陕西”一词的出

周公辅成王画像石（拓片）

现要比“三秦”一词的出现早八百多年。

太上皇

太上皇也叫太上皇帝，是对退位皇帝或现任皇帝在世父亲的尊称，汉高祖刘邦的父亲刘太公是第一个未曾当过皇帝的太上皇。楚汉相争时，刘太公和吕后都住在刘邦的老家丰县，后被项羽俘获成为人质。后来，项羽和刘邦讲和，才把刘太公和吕后放了回来。刘邦称帝后按照礼节每五天拜访一次父亲，在父亲面前恭恭敬敬，但心里总感觉不自在。后来有人对刘太公说：“天无二日，你虽然是皇帝的父亲，但真正的身份应该是皇帝的臣子，怎么能让皇帝来朝拜你呢？”刘邦再来时，刘太公就在门口恭恭敬敬迎接儿子，说：“皇上是天下的主宰者，千万不要因为我而乱了规矩！”这让刘邦非常为难。于是，刘邦和大臣商量一番，就给了刘太公一个尊号——太上皇。历史上唐高祖李渊、唐玄宗李隆基、宋高宗赵构和清高宗爱新觉罗·弘历（即乾隆皇帝）都做过太上皇。女皇武则天退位后，她的儿子唐中宗李显给

刘太公画像

汉太上皇陵纪念碑

了她则天大圣皇帝的尊号，所以武则天也是唯一的女太上皇。

课程链接

人教版《语文（六年级）》上册《故宫博物院》

探究思考

1. 带“秦”字的成语和典故，或者带“秦”字的名物，你能说出几个？

2. 栎阳是西汉兴起的地方，你知道“汉服”“汉族”“汉字”等词与西汉有什么关系吗？

□ 紫柏山前云气深

——张良庙

公元前 202 年，历时四年的楚汉战争结束，刘邦终于战胜了项羽，建立了西汉。他称帝以后，在洛阳大宴群臣时提出了一个问题："我凭什么能够战胜项羽一统天下？"大臣们纷纷溜须拍马，极尽阿谀奉承之能事。好在刘邦还有自知之明，他说："运筹帷幄之中，决胜千里之外，我不如张子房。安抚国家，抚恤百姓，提供充足的后勤保障，我不如萧何。统领千军万马奋战疆场，战必胜，攻必取，我不如韩信。这三个人，都是人中英杰，但只有我能任用他们，这就是我能够夺取天下的原因。"在刘邦心里，张子房是开国的第一功臣，张子房就是张良，他和萧何、韩信并称"兴汉三杰"。这三个人的结局各不相同：韩信被诬陷为谋反而被杀；萧何作为权

张良画像

紫柏山

臣，辅佐了刘邦父子两代皇帝；张良则急流勇退，专心修身养性，在秦岭南麓的紫柏山过起了隐居生活。北宋邵雍赞颂张良说："汉室开基第一功，善哉能始又能终。"（《读张子房传吟》）后来，张良的后人张鲁为纪念先祖，在汉中留坝修建了张良庙。

张良，字子房，刘邦称帝后封他为"留侯"，后世也称他为"张留侯"。张良本来是韩国人，他的祖父和父亲都曾做过韩国相国。战国七雄中韩国是最弱的一个，在秦始皇的统一战争中，韩国第一个亡国，当时，张良还是一个稚气未脱的少年，他自此丧失了显赫荣耀的地位，流落民间。他心存亡国亡家之恨，曾经雇佣刺客行刺过巡游天下的秦始皇，可惜没有成功。一次偶然的机会，他得到了神秘老人黄石公传授的兵书，拉起了一支数百人的反秦队伍投奔了刘邦，并得到

陕南张良庙

刘邦的器重和信赖，他的聪明才智也得以充分发挥。刘邦进入关中后，他劝说刘邦要严肃军纪，善待百姓，收拢人心，刘邦一一接受。张良曾在鸿门宴上机智地帮刘邦化解了危机。项羽违背承诺，把刘邦封为汉王，在刘邦怒不可遏急于和项羽刀兵相向时，张良向刘邦分析了双方的实力，劝刘邦暂时隐忍，韬光养晦，等待时局的变化，刘邦又一次接受了他的劝告。刘邦进入汉中，又听从了张良烧毁子午栈道的计策，麻痹了项羽及其盟友，为自己赢得了喘息的时间。刘邦攻占关中后，在和项羽的正面交锋中屡屡失利，张良又出谋划策，利用离间之计，瓦解了项羽和彭越、英布的联盟，为刘邦争取来两支生力军。垓下决战中，他先是施出“十面埋伏”之计，合围项羽主力，又用“四面楚歌”的计策，瓦解了项羽军队的军心，最后逼迫项羽自刎于乌江。西汉建立后，群臣都想在洛阳建都，只有娄敬提出了以关中为国都的主张，刘邦举棋不定，最终又是张良一言，帮助刘邦做出立都关中的决策。刘邦在继承人问题上左右为难时，张良请来商山四皓，化解了这一难题，巧妙地解决了这一政治危机。作为开国第一功臣，张良不居功自傲，而是毅然选择了隐退，是一个罕见的具有大智大勇的人。中国古代将造诣非凡的人物称为“圣”，如“兵圣”孙武、“医圣”张仲景、“史圣”司马迁、“诗圣”杜甫、“书圣”王羲之，张良则被誉为“谋圣”。

张良庙位于今汉中市留坝县，留坝县的得名和张良的封爵留侯有关。张良庙本是为张良修建的祠堂，修建时已是张良死后几百年了，现在的张良庙是一个道观，属于道教的全真派。张良庙经历代不断修

张良庙外景

第一山碑

豪傑今安在看青山不老紫柏長存
想那志士名臣千載空餘憑弔處
民國四年一月率軍過此
陸軍少將旅長馮玉祥書
得此洞天福地一生願作逍遥遊
神仙古來稀設黃石重逢赤松再遇

张良庙碑文

复，今天人们看到的是在明代建筑的基础上重修的张良庙。张良庙有六大院，主要建筑有钟鼓楼、灵霄殿、三清殿、三官殿、三法殿等，处于核心位置的是张良大殿。大殿雄伟庄严，殿内正中有张良的塑像。张良庙拜殿前厅矗立着一通石碑，上面镌刻着三个大字——“第一山”，这是由宋代四大书法家之一的米芾所书，其中的“第”为行书，“一”为隶书，“山”则为楷书，行书大气磅礴，隶书一波三折，楷书苍劲有力，三种书体集于一碑，笔断意连，令人叹为观止。张良庙后面的高峰就是紫柏山主峰，山路两边的摩崖石刻刻有明代赵文渊、清代林则徐，以及后来的冯玉祥、杨虎城等人的诗文。紫柏山山顶的建筑是授书楼，这是为纪念黄石老人向张良传授兵书而修建的。

知识链接

基地链接

张良庙博物馆

张良庙博物馆位于汉中市留坝县留侯镇。这里依托张良庙周边良好的生态、人文及景观资源，将旅游、研学、科普、养生、木工工艺学习与制作等有机结合，是一个集历史文化学习、自然生态旅游、自然科普教学为一体的综合性旅游研学目的地。

事件回放

博浪沙刺秦

韩国灭亡后，张良怀着复仇的愿望四处游荡。他散尽家资找到了一个化名为沧海力士的人，他们共同制订了刺杀秦始皇的行动计划。他出资为沧海力士打制了一只重达 60 千克的大铁锤，选择在秦始皇出行必经的博浪沙进行刺杀。当秦始皇的车队从博浪沙经过时，恰好风沙弥漫，埋伏在此的沧海力士听得张良一声令下，巨大的铁锤顿时飞了

沧海力士雕像

博浪沙

出去，只听一声巨响，铁锤正中车架，车里的人眼看是无法生还了。就在秦始皇的卫队乱作一团时，张良便和沧海力士趁乱逃跑了。但谁料想，秦始皇的车驾分为一前一后两辆，一为正车，一为副车，秦始皇并不固定乘坐哪一辆车，而是不时地换乘，以防有人对自己进行刺杀。张良和沧海力士这一天很不走运，他们击毁的是副车，车里坐的是秦始皇的替身。恼羞成怒的秦始皇下令缉捕刺客，十天以后有人检举了张良，而此时的张良早已逃得无影无踪了。后来，画着张良像的告示被四处张贴，看到告示的人都大吃一惊：原来张良并非人们想象中的魁梧大汉，而是一个眉清目秀的小伙子。

黄石授书

博浪沙行刺失败后，张良更名改姓，在下邳躲了起来。一天，他在一座桥上遇见了一位老人，那老人故意让脚上的鞋掉落至桥墩下，指着张良说：“你，快点去给我把鞋捡回来。”张良照办了，老人又傲慢地对张良说：“你，还不快点把鞋给我穿上。”年少气盛的张良几乎要挥拳相向了，但他很快压住怒火，又照办了。老人说：“孺子可教啊，五天之后天亮时，你到这里来见我。”张良立即意识到老人不是寻常之人，便立刻答应了。五天后的早上，张良依约前往，不料老人已经先到，他见到张良说：“与老人相约，年轻人应该先到，你为什么这时候才来？再过五天，早一点到这里来见我。”又过了五天，这一天早上，张良不敢贪睡，刚听到雄鸡啼更就匆忙赶往桥头，却发现老人已经在晨曦中等待多时了。老人责备张良说：“为什么今天你又比我晚到，五天后我再在这里见你，如你再晚到，我就不会再见你了。”又过了五天，张良在夜半时分就来到约定之处，过了片刻方见老人蹒跚而来。老人满意地说：“你这个样子才真正像一个诚心求教的青年。”他随即从怀中取出一本书授予张良，说：“你一定要好好研读这本书，将来必定能做帝王之师。”天亮以后，张良将这本书仔细翻阅，发现这竟然是失传已久的《太公兵法》，太公就是辅佐周武王伐纣灭商的姜子牙。张良后来才知道这个神秘老人绰号圯上老人，人称黄石公。

黄石公画像

鸿门宴

鸿门位于今西安市临潼区。刘邦攻进关中后，派兵封锁了函谷关，企图阻止东进的项羽大军。项羽四十万军队强行通过函谷关进驻

鸿门宴

鸿门，与刘邦驻扎的灞上相距不远。项羽的谋士范增认为刘邦胸怀大志，将来必定是项羽的心腹大患，不如趁刘邦羽翼未丰，以擅自封锁函谷关为借口，凭借兵力优势一举消灭刘邦。项羽听从了范增的建议，决定第二天突袭刘邦。项羽的叔父项伯是张良的挚友，他星夜赶往刘邦驻地，把这个消息告诉了张良，让张良立即逃跑。张良没有逃跑，而是把项伯引荐给刘邦，刘邦向项伯解释说自己并无谋反之意，希望项伯从中说和，项伯爽快地答应了。二人约定第二天由刘邦亲自赴鸿门向项王进行说明并道歉。第二天一大早，刘邦带着张良、樊哙等人来到鸿门，项羽设宴款待，张良、项伯、范增陪坐。刘邦向项羽表示屈服后，紧张的气氛化解了不少。范增大失所望，他找来项羽的堂弟项庄，让他以舞剑助兴为名，在酒宴上借机刺杀刘邦。项伯发现杀机又起，便以对舞为名，拔剑出鞘，保护刘邦。千钧一发之际，张良连忙离开军帐，找到了在大营门口等待的樊哙。樊哙问：“事态怎么样了？”张良说：“现在项庄舞剑，意图就在沛公身上。”樊哙持盾握剑，撞开项羽的几道警卫线，闯进项羽大帐，怒斥项羽言而无信，项羽也觉得自己的所作所为不太光彩，就挥手让两个舞剑的人都退了下去。很快刘邦就以酒醉失态为由，和樊哙等人不辞而别，留下张良应付项羽。鸿门宴上，刘邦审时度势，承认了项羽的领导权，张良则在危急关头两次救了刘邦。“项庄舞剑意在沛公”的成语就是出自这个故事，沛公就是刘邦。

劝都关中

刘邦称帝后向大臣们咨询在何处定都的问题，大家都认为洛阳是不二之选，只有娄敬一人明确反对这一提议，他认为在秦国旧地关中定都是上上之策。他说：“关中被山带河，四面都有天然要隘，易守难攻，这里人口稠密，土壤肥沃，可谓天府之国。一旦出现大的变故，只要守住关中，就不必担忧失去天下。”双方各执一词，争得不

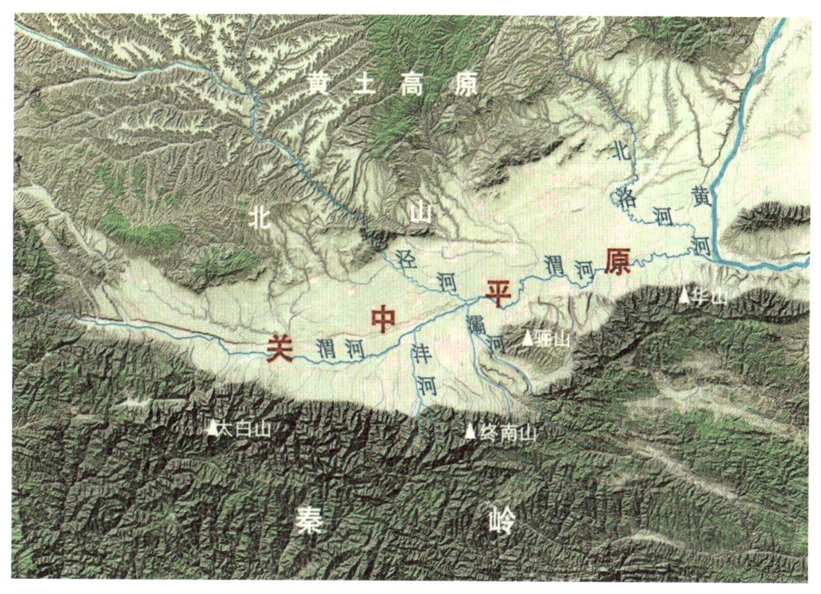

关中平原示意图

可开交，刘邦一时也拿不定主意，而张良此时又不在身边，没有人给他拿主意。后来，刘邦好不容易盼来了张良，他忙问："哪一方说的对？"张良回答道："娄敬说的对。"刘邦又问："为什么？"张良分析道："大臣们以为洛阳四面天险，适合建都，却没有看到这些天险并非真正的天险，而且此地不利于防守，面积狭小，土地贫瘠，不能和关中相提并论。关中以秦岭、黄河为屏障，沃野千里，南有汉中巴蜀富饶之地，北面可以从陇地那里得到需要的战马，只有东面临向诸侯，但也有函谷关作为要塞。关中之地易守难攻，两个士兵足以对付敌人一百人，这样天赐的地方是建都的绝佳之地。"刘邦当即决定建都关中，在谈话的当天，刘邦的车队就已经踏上了西去的大道。

课程链接

人教版《美术（六年级）》下册《我国古代建筑艺术》

1. 通过参观张良庙，说一说这里的建筑、园林、摩崖石刻、古战场遗址，哪个给你留下的印象最深，为什么？

2. 了解张良的故事，你认为他是一个怎样的人？

宗教文化

□ 全真祖庭

——重阳宫

道教是中国本土的宗教。所谓道教，是信奉道并企图通过修炼而成仙得道的宗教，宣扬的是关于道的教化和说教。道教的思想理论来自春秋时期道家学派学说。道家学派的代表人物是老子和庄子，他们主张宇宙间的天地万物都来源于道。道无形无名，既看不到又摸不到，更不可言说。道家学说在汉朝影响很大，东汉时形成的道教继承了道家学说的思想，又将其神秘化，赋予其宗教色彩，从此，道教开始成长起来。东汉至魏晋南北朝时期是道教形成和确立的时期，太平道、五斗米道等道教团体开始出现，道教教义、修持方术、科戒仪范等逐渐完备。隋唐时期是道教发展的鼎盛期，李唐王朝还一度将道教尊为国教，道教的社会

老子画像

重阳宫

影响日益加深。道教、儒学、佛教在发展过程中不断借鉴融合，三教最终合流。道教新的教派不断涌现，其中最主流的是全真教和正一教，全真教的社会影响力是最大的，它的创立人就是王重阳。

王重阳生活在宋金对峙时的北方金朝，他的家族是当地的名门望族，他从小就接受良好的儒学教育，还学会了一些功夫，他在二十多岁时通过了武科举，做了一个地方小吏。后来他因为怀才不遇，就辞官回家，心情苦闷的他曾佯装疯癫。后来，王重阳称在当地的酒肆有两位仙人向他传授道学，遂离家出走，在终南山下的一个村子修道。他在山中凿了一个洞穴，并将这个洞穴称为“活死人墓”，他独居其中，还焚香供奉自己的灵位，上面写着“王害风之灵位”。他在另一个村子和两位志同道合者一起修建了一座草庵，开始修行传道。过了几年，他一把火烧了草庵，东出潼关，一路以乞讨为生，来到今山东省一带传教。他先后在这里创立了五个教会，收了许多徒弟，其中最著名的七位号称“全真七子”，他们是全真教早期的骨干成员。

全真教是北宋以后最重要的教派。王重阳提倡儒、释、道三教合一，三教同源，他将三教的根本宗旨融会贯通。这一主张是道教发展中的一大创新。王重阳还将道教的修道成仙思想做了修改：从追求肉体长生不老转变为追求精神超越。他认为人人可以求仙学道，七十岁学道也不迟，修道者真正的老师是自己的内心。他吸收佛教禅宗的思想，主张不立文字，不以书面字义解释道教玄理，从而让思想免受文字束缚。王重阳去世后，“全真七子”各立门户，发展出七个支派，并且确立了五位祖师，其中的四位都是传说中的人物，王重阳是全真教真正的祖师。

1169 年，王重阳曾带领四个弟子重返关中传教。走到开封便感到体力不支，无法继续西行，只好于此地住下来。第二年年初，王重阳去世，终年五十八岁，临终前他指定马钰为继承人，领导全真教。马钰暂时将王重阳葬于开封当地信徒的花圃，两年后又将其迁葬回关中终南山下草庵之侧，并在草庵的基础上修建了重阳宫（当时的名字叫灵虚观，元朝改名为重阳宫）。重阳宫建好后，就被称为“天下祖庭”“全真圣地”。

陕西省的重阳宫和山西省的永乐宫、北京市的白云观被并称为“全真教三大祖庭”，重阳宫是祖庭之首，所以又被称为“祖庵”。重阳宫在元代的北方名气很大，在这里修行的全真教徒近万人，这里殿阁房舍凡五千余间，整个重阳宫东至涝河，西达甘峪河，南抵终南山，北近渭河，这里的玉皇阁高六十余米，规模之大，首屈一指。今天的重阳宫的规模虽然比不上往日，但里面的历史遗存都非常珍贵，如：祖庵碑林中王重阳及七真画像碑、无梦令碑，以及号称“三绝”之一的大元敕藏御服之碑。其中，无梦令碑是全真教的圣物，这是王重阳唯一传世的手迹。重阳宫中还有一棵参天大银杏树，树荫遮天蔽日，这棵树由马钰手植，距今已有八百多年，被列为西安市古树古木保护对象。

重阳宫的元代建筑今天已经荡然无存，但是当时所立的石碑却大多保留下来，成就了祖庵碑林。祖庵碑林有“四个唯一”：元代皇帝亲敕圣旨碑八通，为全国唯一；在全真祖庭，道教全真派发祥地内，为全国唯一；元代名士撰文保存数量之多，为全国唯一；有蒙古八思巴文与汉文对照合刻的圣旨碑四通，为全国唯一。

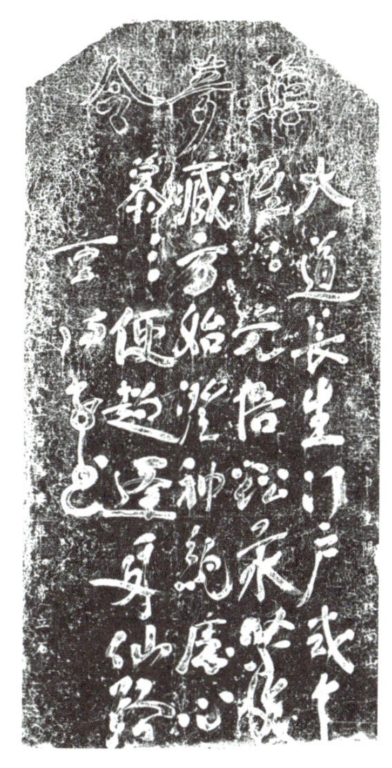

无梦令碑

祖庵碑林

知识链接

基地链接

重阳宫

重阳宫位于陕西省西安市鄠邑区祖庵镇，是道教全真派创始人王重阳早年修道和死后埋骨之地，又名“重阳万寿宫”“祖庵”，享有“天下祖庭”“全真圣地”之名。重阳宫殿堂楼舍百余间，有灵观殿、祖师殿及下院城道宫、集仙观、遇仙宫等庙点。重阳宫是了解中国道教文化的重要场所，这里的建筑和碑林为道教文化研究、传统医学研究、寺院经济研究、碑刻艺术研究等提供了翔实的资料。

人物档案

全真七子

王重阳与全真七子

“全真七子”是王重阳传道生涯中所收的七个徒弟，他们分别是马钰（道号丹阳子）、丘处机（道号长春子）、谭处端（道号长真子）、王处一（道号玉阳子）、郝大通（道号广宁子）、刘处玄

（道号长生子）和孙不二（道号清静散人），其中马钰和孙不二出家前是夫妻。王重阳死后，“全真七子”在北方传教，并且各自创立了全真教的支派。马钰创立了遇仙派，谭处端创立了南无派，刘处玄创立了随山派，丘处机创立了龙门派，王处一创立了嵛山派，郝大通创立了华山派，孙不二创立了清静派，其中丘处机的龙门派影响最大。

事件回放

甘河遇仙

王重阳四十八岁那一年，还只是一个收取酒税的小吏。这时候的王重阳对于政治前途已经完全丧失了信心，就经常去甘河镇的酒肆喝酒浇愁。在某一个夏天，王重阳正在甘河镇酒肆喝闷酒，忽然，酒肆里来了两位异士，他们脚步轻快，举止飘忽，长相非凡，道骨仙风，炎炎夏日却穿着厚厚的毡衣，身上一滴汗也没有。王重阳知道这两个人并非凡人，就悄悄跟着两人走出很远。到了一个偏僻的地方，王重阳忙向二人行大礼，欲拜师求道。两位异士也不推辞，当即传授他内丹修仙秘诀，言谈才毕，两个人就突然消失了。后来王重阳在异士传授的知识的基础上苦心钻研，创立了全真教。传说这两位异士就是吕洞宾和钟离权，传道的地方叫作甘河遇仙桥。

遇仙桥

重阳祖师脚印石

重阳祖师脚印石

进入重阳宫的山门，第一眼就可以看见一块巨石，石头中间明显可以观察到一只脚印，深深嵌入石头，石头顶部一只手掌印依稀可辨，这就是重阳祖师脚印石。关于这块石头，有一个有趣的故事。

王重阳甘河遇仙后，开始在草庵修行，由于经仙人点化，他进步极快。有一天，王重阳从楼观台参学归来，觉得脚底有些痒，脱下鞋子一看，发现里面不知什么时候钻进了一粒小石子，就把它磕了出来。第二天，王重阳发现小石子比昨天大了许多，后来这粒小石子一天天疯长，没多久就长成一块巨石。原来王重阳天赋极高，多年精心钻研，再加上有仙人指点，不知不觉中已经修炼成仙，这粒小石子沾染了仙气，有了灵性，所以长个不停。王重阳怕它将来为害人间，就对它脚踢掌击，在石头上留下了脚印和掌印。从此，巨石就停止了生长，静静地待在原地。马钰修建重阳宫时，感念祖师行道济世的美德，便把这块石头放在了山门后面。

名物疏解

全真教三大祖庭

全真教三大祖庭分别是陕西省的重阳宫、山西省的永乐宫和

丘处机画像

北京市的白云观。永乐宫是专为祀奉道教“八仙”之一的吕洞宾而建，民间传说吕洞宾出生在永乐镇，所以这座宫观被称为永乐宫。因为全真教奉吕洞宾为五位祖师之一，所以这里成为全真教第二个祖庭。白云观是全真七子之一的长春真人丘处机的埋骨之地，丘处机为全真教的发展壮大做出的贡献最大，这里自然成为全真教的第三个祖庭。

课程链接

人教版《道德与法治（六年级）》下册《多样文明　多彩生活》

探究思考

1. 道教在饮食、养生等方面对我们的生活产生着影响，你能举出一些例子吗?

2. 道家思想中包含了人与人、人与自然和谐相处的内容，说一说你是如何与他人、与大自然和谐相处的?

□ 律宗祖庭

——净业寺

讲述

佛教起源于古印度，创始人是释迦牟尼。张骞开辟丝绸之路后，佛教开始传入中原。佛教原先依附于汉代的道教和玄学，缓慢发展，

陕西净业寺

当时信仰佛教的大多是贵族。这时的佛教学说大体上为神不灭说和因果报应说，佛教的活动主要是翻译佛教理论典籍，佛成为中国传说中的神。魏晋南北朝时期，由于长期战乱，人们寻求精神寄托，佛教在中国开始迅速传播。这时候中原文化与古印度佛教文化产生了矛盾与冲突，双方进行了很长时间的大论战。到隋唐时期，佛教在中国的发展达到了鼎盛。这时国家统一，国家经济发达，各类文化交流融合，佛教开始中国化，并具有适应性、世俗性、调和性和简易性的特点，最终，佛教适应了中国的国情，成为中国的佛教。佛教中国化后，中国人用汉语撰写的佛经开始出现。后来中国佛教发展出八大流派，并逐渐向日本和朝鲜半岛传播，终南山下的净业寺就被日本佛教的律宗奉为祖庭。

我国各地有许多名叫净业寺的佛寺，例如在陕西省、江西省、河北省、江苏省、广东省、山东省、福建省都有净业寺，甚至在马来西亚也有净业寺，而这些寺庙共同的祖庭，就是坐落在终南山下的律宗名刹——净业寺。

祖庭是指宗教的宗派祖师常住和弘扬佛法的场所。佛教进入中国后，在漫长的发展过程中逐渐中国化，最终形成了八大支派，其中佛教律宗的发源地就是陕西省西安市的净业寺。从古印度传入的除了佛教的典籍外还有僧人必须遵守的规章制度，古印度佛教原有的规章制度叫作戒律，中国自创的叫作清规，合起来就是清规戒律。律宗因着重研习及传持戒律而得名，其创始人为唐代高僧道宣。唐朝的律宗最初分为三派，道宣一派最盛。道宣在终南山修行，所以这一支律宗叫作南山律宗或南山宗。道宣最有名的再传弟子是鉴真，他曾应日本僧人之邀东渡日本传教，并创立了日本律宗，净业寺自然也被日本律宗尊为祖庭。

陕西净业寺内景

净业寺坐落在终南山北麓的凤凰山，风景秀丽、清幽，苍松翠柏举目可及，野花奇草开满幽谷山涧，实在是难得的静修之地。净业寺建于隋末唐初，是终南山历史悠久的古刹之一。现在净业寺里的建筑基本都建于明清两代，寺院坐北朝南，园内主要建筑有韦陀殿、大雄宝殿、东西禅堂、斋堂和僧寮。大雄宝殿正中供奉着“华严三圣”——释迦牟尼、文殊菩萨和普贤菩萨，大殿东侧是道宣像，西侧的伽蓝殿供奉着关公像。大殿后有三孔石洞，它们由杨虎城将军之母捐款开凿，洞内可供僧人修习禅定。寺后山腰有道宣舍利塔，寺院后面有一座古墓，据说是诗人白居易的衣冠冢。

基地链接

龙潭戏水风景区

净业寺位于沣峪森林公园龙潭戏水风景区，这里除了净业寺供应台，还有古栈道遗址、龙潭戏水、悬崖奇松等众多景观。是了解佛教文化、古代交通文化、山水文化，亲近大自然的绝佳去处。

人物档案

道　宣

道宣生于596年，圆寂于667年，俗姓钱。他小时候十分聪慧，九岁便能赋诗作文，十六岁出家，二十岁受戒，四方参学。后来他到终南山净业寺修行，并在此创立了佛教律宗。药王孙思邈来终南山采药时，时常拜访道宣大师，两人是挚友。此后四十余年，除了有一段时间应西天取经的玄奘大师

道宣画像

之邀赴长安参加佛经翻译外，道宣都在净业寺潜心修行，研究律学，精心授徒，其门下弟子有千人之多。后来道宣被律宗尊为初祖。道宣逝世后，唐高宗下令全国寺院供奉其画像，并令当时的名匠韩伯通为其塑像。

事件回放

白马驮经

摄摩腾画像

佛教最迟于东汉时传入中国，民间传说中有一个“白马驮经”的故事，就将佛教传入的时间放在了东汉初年。汉明帝刘庄是东汉的第二位皇帝，有一天，他梦见一个金人在金銮殿上四处飞行，此人高大魁伟，被日光或月光一样的光轮环绕着，光芒四射。第二天，他把这个梦告诉大臣们，许多大臣都说不出这个发着光的金人是谁。大臣傅毅说：“我听说天竺有被称为‘佛’的神，陛下梦见的金人大概就是佛吧。”天竺是中国古人对古代印度的称呼。傅毅的话，引起了汉明帝的好奇心。他就派蔡愔和秦景两名官员到天竺去求佛经。蔡愔和秦景一行人一路跋山涉水，经历了三十六个国家，奔赴天竺，途中他们巧遇两位从天竺来传播佛教的高僧摄摩腾和竺法兰。蔡愔和秦景盛情邀请两位僧人到自己的国家来。在蔡愔和秦景的盛情邀请下，两位高僧把一些佛经用白马驮

着，与蔡愔等人一同回到了汉朝。汉明帝让两位高僧指点画工，摹画出释迦牟尼佛像，并把佛像置于宫中供奉。汉明帝又请摄摩腾和竺法兰将带来的经典译为汉文，并在洛阳城外修建了一座佛寺，作为译经的场所。因佛经是由白马驮负而来的，所以佛寺取名为白马寺，白马寺也就成为中国历史上的第一座佛寺。第二年，摄摩腾和竺法兰译出了《四十二章经》，这是中国第一部汉译佛经。

竺法兰画像

白马寺

天女送饭

窥基画像

道宣和另一位高僧窥基是至交，窥基是唯识宗创立人玄奘大师的徒弟。道宣苦心钻研戒律，常常废寝忘食，此举感动了天神，后来每天中午，都会有位天女从天而降，带来饭食，道宣因此而颇有成就感。有一天，他写信邀请窥基前来叙谈，想让窥基知道天女送饭这回事。窥基如约而至，道宣殷勤招待，到了中午饭时间，天女却没有像往日一样出现。道宣严守过午不食的戒律，就让人只给窥基准备了午饭，窥基照吃不误。窥基辞别后，天女这才出现。道宣责问天女为何没有准时送饭来，天女说：“今天我和往日一样准时送来饭菜，不知什么缘故，大门小窗都有大力金刚神守护，室内是一尊发着金光的菩萨，我根本就进不来。”道宣这才明白窥基的佛学造诣已经非常高了。此后，道宣悉心向窥基请教，并把唯识宗的精要融入律宗，最终成为一代佛学大师。

鉴真东渡

鉴真俗姓淳于，是佛教律宗的高僧。日本僧人荣睿、普照邀请

他前往日本传授戒律，大师慨然应允。第一次东渡因有人诬告鉴真与海盗勾结而无法成行；第二次东渡，出海不久，一行人遇到风浪，船只触礁损坏，又未能成功东渡；第三、第四次东渡，都因有人报告官府，未能成行；第五次东渡时，由于船只误入海流，东渡的队伍遭遇狂风巨浪而迷失航向，最后漂到了海南岛。后来，一行人从海南岛来到广州，鉴真由于劳累过度，加上不习惯南方的湿热患上了眼疾，最终双目失明。第六次东渡时鉴真已是花甲之年了，他们出海不久被风浪吹到了冲绳，最后辗转北上，在日本九州岛成功登陆。当时的日本人在首都奈良为鉴真举行了盛大的欢迎仪式，日本女天皇孝谦天皇盛情接待了他。鉴真东渡历时十二年，有三十六位中日僧人为此献出了生命。鉴真在日本传授佛学理论，同时把唐朝的医学、建筑、雕塑、书法、诗歌、音乐、饮食等文化带到了日本，

鉴真雕像

鉴真乘船东渡

孝谦天皇画像

并创立了日本律宗，他是中日两国的文化交流大使。鉴真为日本律宗设计的招提寺，现在被联合国教科文组织列为世界文化遗产。

典制溯源

清规戒律

戒律是佛教徒所遵守的规则和戒条。戒适用于在家和出家的所有佛教信徒，律则专门为出家僧众制定。在佛教中，戒律对不同的人有不同的规定。人们经常提到的戒律主要有“五戒”“八戒”“沙弥戒”“具足戒”“菩萨戒”等。中国佛教在戒律之外制定了一些规约以补充戒律的不足，这些规约就是清规。最有名的清规是唐代百丈怀海大师制定的《百丈清规》，后来历朝历代的清规都是在此基础上补充修订的。

名物疏解

佛教八大祖庭

佛教传入中国后经过长时间的发展，到了隋唐时期达到了极盛，这时候的中国佛教主要有八大宗派。其中禅宗祖庭在河南省的少林寺，天台宗祖庭在浙江省的国清寺，其余六大宗派的祖庭都在西安市，它们分别是三论宗祖庭草堂寺、唯识宗祖庭大慈恩寺、律宗祖庭净业寺、净土宗祖庭香积寺、华严宗祖庭华严寺和密宗祖庭大兴善寺。

华严寺

课程链接

人教版《道德与法治（五年级）》上册《骄人祖先 灿烂文化》

人教版《美术（六年级）》下册《我国古代建筑艺术》

探究思考

1. 佛教文化对我们的生活产生了哪些影响？请从语言、音乐、诗歌、习俗等角度举出几个例子。

2. 鉴真为中日交流做出了哪些贡献？

3.《西游记》里有一个猪八戒，你知道他名字中的“八戒”具体指什么吗？

生态文化

□ 玉种蓝田

——蓝田玉文化

中国人对玉的感情非同一般，美酒叫“琼浆玉液”，宫殿叫“琼楼玉宇”，下雪叫“碎琼乱玉”，启迪性发言叫“抛砖引玉”，缺点叫“白玉微瑕”。中国有几千年玉文化史，浙江余姚河姆渡遗址就出土了多件用玉和萤石制作的装饰品，这是我国迄今发现的最早的玉饰件。总之，新石器时代玉料的玉质还比较差，制作工艺也很简陋，器形也比较少，但是从中可以看出先民对于玉的热爱。

良渚玉琮（新石器时代）

原始社会晚期，玉的雕刻工艺已趋于成熟，人们对玉料的选择、切割、磨制、钻孔、雕刻等都有严格的要求，这一时期还出现了专门从事玉器加工的人——玉匠。商周时期，佩玉、玩玉成为贵族阶级的时尚，玉被赋予了精神上的含义，孔子曾经用“君子比德于玉”来表达自己对玉的敬重与仰慕，汉代学者许慎提出玉有“仁、义、智、勇、洁”五德，并将人的美好品德与玉联系起来。

西汉时期，由于张骞开辟了丝绸之路，西域生产的玉料开始不断进入中原，这给玉器制作提供了方便，用玉制作的生活用具也因此逐渐多了起来。两汉的统治阶级多信仰长生不老之说，认为玉可以使死者不朽。于是，用玉制作丧服在两汉非常盛行，玉制丧服就是玉衣，是把玉片用金属丝编缀起来而成的。根据金属丝的质地，玉衣分为金缕玉衣、银缕玉衣和铜缕玉衣三种，供不同身份的人“穿戴”。后来，魏文帝曹丕把这种奢华的葬仪取消了。隋唐时期，玉雕首饰非常流行，用金、银镶玉做成的头饰——步摇深受妇女们的喜爱，玉镯也曾风靡一时。官员们更喜欢把用上等玉料琢成的玉片装饰在革带上，并互相炫耀，最后这种装饰着玉片的革带变成了官场礼服的重要组成部分——玉带，玉带在宋明时期更加流行，也更加精美。

明清时期，玉器的加工工艺发展更快，工艺技术趋近完美，除了用来佩戴的玉饰品以外，用玉制作的以陈设为主的工艺品开始为人们所喜爱，出现了很多大型的玉雕。故宫博物院有一座“大禹治水”玉雕，重约 5 吨，是清朝乾隆年间的作品。玉雕原玉来自和田地区，人们将其运到北京用了 3 年，行程 4000 多千米。之后，玉雕又被运往扬州，由当地的玉匠进行雕刻，耗时 6 年方告完成，接着玉雕被又不远千里地运进紫禁城，乾隆皇帝还专门为其赋诗一首。“大禹治水”玉雕器形巨大，颇具气魄，雕刻技艺精湛，是中国工艺品的上乘之

“大禹治水”玉雕

作，有“玉山”之称。

先秦典籍《山海经》里面记载的产玉的地方有 200 多处，都是名山大川，其中有的地方至今还在产玉。中国人爱玉，尤其注重玉的出产地。“四大名玉”最受中国人欢迎，其中就有陕西省的蓝田玉。

蓝田为什么产玉？这里有一则传说——“玉种蓝田”。很久以前，当地有一个小伙子名叫杨伯雍，他勤劳善良孝敬父母，是有名的孝子。父母双双离世后，杨伯雍在终南山一座山峰掘石为坟安葬了父母，又在坟前搭起草棚，为父母守坟。由于山高缺水，杨伯雍每天都要从山脚下的一眼水泉挑水。杨伯雍所住的草棚前面有一条大道，路人经过时口渴向他讨水喝，杨伯雍宁肯自己忍渴也会先让别人喝饱。一天，杨伯雍看到一位贫穷的老婆婆晕倒在路边，他赶紧把老婆婆背回草棚，把仅有的一点水一口一口地喂给她喝。老婆婆喝了水渐渐清醒，她取出一个小袋说：“这是玉籽，你把玉籽种入山坡，日后当有好事。”话语未落，只见老婆婆变成了一个闪耀着异彩的女神，脚踩祥云缓缓升入云际，空中传来老婆婆的声音：“我是女娲神，你只管种玉勿疑，不久便有佳音！”杨伯雍就在山坡上凿出许多石窝把那些玉籽种上，后来这里成为一片玉田。由于古人认为玉中上品为“蓝”，所以从此这里就叫作蓝田，杨伯雍种玉的地方叫作玉山。

基地链接

蓝田玉文化博物馆

蓝田玉文化博物馆以中国历史为脉络，采用图文与实物相结合的方式介绍蓝田玉的形成，展示现代精美蓝田玉雕作品，为人们提供了一个了解蓝田玉、了解地质科学，以及学习历史文化知识的平台。

蓝田玉文化博物馆

蓝田玉文化博物馆内部

典制溯源

玉　玺

玉玺是中国古代皇帝的玉印，是至高权力的象征，秦统一之前，无论官府还是私人的印信都可以叫作玺。秦始皇开始规定只有皇帝的印信才能叫作玺，作为中国历史上第一位皇帝，秦始皇也就拥有第一

方皇帝玉玺。这方玉玺是秦统一六国时以和氏璧为原材料制作的，丞相李斯书写的“受命于天，既受永昌”八个篆字被刻于玉玺之上。玉玺上面雕着一只神兽，这是用来系绶带的，叫作螭虎纽。玉玺截面为正方形，据今人推算，其边长大约 9 厘米。关于这个玉玺还有一则传说。秦始皇巡游天下，在洞庭湖遇见滔天骇浪，当时黑云蔽空，船只摇摇晃晃眼看要颠覆，这时候有人提议玉玺是神物，可以用它镇住风浪。秦始皇无奈之下将玉玺抛入洞庭湖，这里顿时风平浪静，云开雾散。后来秦始皇又叫玉工用蓝田水苍玉按原样制作了另一方传国玉玺，上面刻的字改成了“受天之命，皇帝寿昌”，题字的还是李斯。秦王子婴投降刘邦时献上的玉玺就是这一枚。西汉末年，外戚王莽篡权，王莽派人索要传国玉玺，被皇太后拒绝，王莽只得亲自来抢，皇太后愤怒地把玉玺摔在了地上，玉玺上面的一个角摔碎了，后来王莽令工匠用黄金将其修补好。此后，这方缺角镶金的蓝田玉玉玺作为最高权力的象征，成为诸多野心家争夺的对象，如果皇帝登大位而没有此玺，就会被讥讽为“白版皇帝”。隋朝末年，玉玺流落到了突厥，后来又回到了唐朝，五代时却又神秘失踪了。五代以后，不断有玉玺重现世间的事情出现，但这些玉玺最终都被证明是赝品。在民间，关于这方传国玉玺的下落有种种充满神秘色彩的说法，这些最终都成为人们茶余饭后的谈资。现在所能看到的最早的出土玉玺是汉高祖刘邦的皇后——吕后的玉玺，是在咸阳发现的。

皇后之玺

《峄山刻石》（拓片局部）（传为李斯书）

事件回放

蓝田玉定情

唐玄宗李隆基对蓝田玉情有独钟，对他所宠爱的杨贵妃也多次以蓝田玉相赠。民间传说杨贵妃本名并非杨玉环，只因唐玄宗送她一块环形玉佩，并以此作为爱情的见证，她才改名玉环。据传这块玉佩是用淡粉色的蓝田玉雕制而成的，其纹理像冰块撕裂了一样，现在当地人还称这种蓝田玉为冰花芙蓉玉。唐代皇家的离宫——华清宫，有专供贵妃洗澡的海棠池，池壁是用整块蓝田墨玉打磨而成，这个浴池杨贵妃一连用了八年，可见她对蓝田玉有多么喜欢。

唐玄宗画像

杨贵妃画像

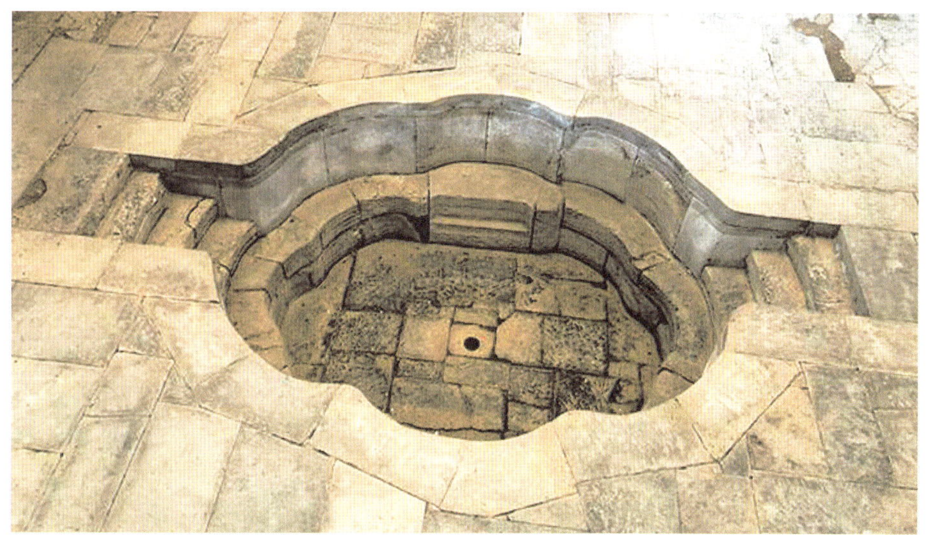

海棠池

名物疏解

中国“四大名玉”

中国“四大名玉”分别是指新疆维吾尔自治区的和田玉、陕西省的蓝田玉、河南省的独山玉，以及辽宁省的岫岩玉。和田白玉为中国“四大名玉”之首，其细腻温润，坚硬强韧，轻轻敲击时声音清越绵长。岫岩玉分老玉和碧玉两类，老玉质地朴实、

蓝田绿玉玉镯

凝重，色泽淡黄偏白；碧玉质地坚实温润，多呈绿色或湖水绿色。独山玉是我国特有的玉石品种，玉质细腻柔润，色彩多样，几乎可以与翡翠媲美。蓝田玉油润有光泽，质地细腻坚韧，以淡黄绿色玉最为常见，被誉为“绿玉”。现在，也有人把和田玉、岫岩玉、独山玉和绿松石合称“四大名玉”，不过这一说法并没有得到广泛认可。

切磋琢磨

玉器的制作加工晚于石器，古代制玉的技艺都源自石器制作。我国古代第一部诗歌总集《诗经》里有“如切如磋，如琢如磨”的句子，其中的“切”“磋”“琢”“磨”就是春秋时期制作石器、玉器、骨角器的工艺程序。切就是解料，即用没有锯齿的锯子加解玉砂，将玉料分开。用圆形的锯子蘸上砂浆修整玉料，这一道工艺是磋。用钻、锥等工具在玉上雕刻花纹、钻孔，叫作琢。最后一道工艺是用精细的木片、葫芦皮，或者牛皮粘上珍珠砂浆给玉抛光使其发出凝脂一般的光泽，这就是磨。

蓝田玉雕

蓝田玉雕艺术是陕西省非物质文化遗产保护项目，这种工艺品选料考究，人物类作品形神兼备，突出个性，人物形象惟妙惟肖呼之欲出；花卉类作品形象逼真，几乎可以以假乱真。中国玉雕“巧、俏、绝”的艺术特色在蓝田玉雕上有着鲜明的体现。蓝田玉雕工艺源远流长，蓝田县当地就曾出土过旧石器时期的蓝田玉配饰及其他玉器。春秋战国时期，蓝田玉被不断加工制成玉礼器，汉代蓝田玉工艺品作为宫廷器玩被广泛使用。汉高祖曾将用蓝田玉加工而成的鸠杖赐予德高望重的耄耋老臣。人们在蓝田县出土的古墓葬里也发

现了用蓝田玉磨制而成的铜镂玉衣，这件玉衣可以和汉代的金缕玉衣媲美。在唐朝，人们对蓝田玉的加工利用达到鼎盛，用蓝田玉装饰冠冕、朝服、钗环首饰和刀剑鞘柄成为当时贵族阶级的时尚。当时的人们相信服用蓝田玉磨成的碎屑可以成仙，这使得当时蓝田一带都是寻玉的达官显贵。

课程链接

人教版《道德与法治（五年级）》上册《我们的国土 我们的家园》《骄人祖先 灿烂文化》

探究思考

1. 中国有“君子佩玉”之说，你是怎样理解这句话的？

2. 中国古人对于玉的喜爱非同寻常，你知道玉在古人的生活中有哪些用途吗？

3. 说出几个关于玉的成语或典故。

□ 来自中国的礼物
——秦岭四宝

1961 年，全球最大的独立性非政府环境保护组织——世界自然基金会（WWF）的成立工作正在紧锣密鼓地进行。全世界的科学家和政治家都在苦苦寻找一个能代表地球所有珍贵的濒危物种的动物，并把它的形象作为世界自然基金会（WWF）的徽记。最终会徽图案采用了丹麦斯科特亲王设计的一只可爱的大熊猫形象，其原型是伦敦动物园的大熊猫姬姬。大熊猫是中国独有的珍稀动物，它和朱鹮、金丝猴、羚牛一起被誉为“秦岭四宝”，外国人把它们叫作“来自中国的礼物”。

世界自然基金会会徽图案

大熊猫是我国特有的珍稀动物，主要栖息地为四川省、甘肃省和陕西省的山区。秦岭范围内的大熊猫主要分布在秦岭南北两麓竹林密布、水源充足的佛坪县、洋县、太白县、宁陕县，以及周至县等地，它们在这些地

方已经生活了800万年。大熊猫体态肥硕，丰腴富态，头圆尾短，憨态可掬，是动物园里最受欢迎的明星，在国外甚至出现了好几起把其他品种的熊染成黑白两色冒充大熊猫骗钱的事件。大熊猫体色黑白是为了便于隐蔽，这是长期进化的结果。人们在秦岭曾经发现过6只棕色大熊猫，其体色为棕白两色，现在能见到的只有1只，名叫七仔。大熊猫的主要食物是箭竹，但是因为箭竹所能提供的能量非常低，大熊猫的吸收和消化能力又很差，为了应对每天的能量消耗，大熊猫必须不停地进食。野生熊猫寿命一般为15～20岁，圈养状态下，熊猫的寿命可以超过30岁，历史上最长寿的大熊猫是生活在香港海洋公园的佳佳，它活了38岁。大熊猫的生育能力很低，雌性生育期约为5～7年，最多能生育3～4胎，每胎一仔的情况最常见。野生大熊猫即使产二仔，熊猫妈妈也只会抚育一个，比较弱小的那一个会被狠心

棕色大熊猫七仔

智商最高的大熊猫白雪

大熊猫妈妈和出生 37 天的幼崽

野生大熊猫保护区分布示意图

抛弃。目前全国野生大熊猫数量为 1864 只，圈养大熊猫数量是 375 只，为了保护大熊猫，国家已经建立了 67 个保护区，并建立了包括四川、陕西、甘肃三省的国家大熊猫公园。

“秦岭四宝”的第二宝是朱鹮，在古代朱鹮和喜鹊一起被认为是“吉祥鸟”。朱鹮是陕西省秦岭独有的鸟类，野生朱鹮只有中国秦岭汉中段才有，那里有朱鹮喜欢的高大乔木、水田、沼泽、溪流，它们爱吃的虾蟹、蛙类、小鱼、田螺、泥鳅、荞麦、草籽等食物也从不缺乏。朱鹮羽毛为白色，后枕部长着长长的柳叶形羽冠，额头至面颊部皮肤鲜红。繁殖时期的朱鹮会用喙不断啄取从颈部肌肉中分泌的灰色素，并将其涂抹到头部、颈部、上背和两翅的羽毛上，使这些地方变成灰黑色。历史上的朱鹮是东亚地区常见的鸟类，分布范围也比较

朱鹮

日本朱鹮邮票

朱鹮纪念币

广泛。20 世纪 60 年代开始，朱鹮的数量急剧减少，当时中国、日本和苏联的科学家花费大量精力寻找朱鹮但仍一无所获，人们一度以为朱鹮已经灭绝。日本曾把仅存的 5 只野生朱鹮进行人工饲养，最后以失败告终。1981 年，中国科学家刘荫增带领团队经过 3 年 5 万多千米的科学考察，终于在陕西南部的汉中市洋县发现了 7 只朱鹮。经过多年的精心饲养，人工饲养和野生朱鹮的总数已经超过 2000 只，朱鹮终于摆脱了即将在野外灭绝的危险。

“秦岭四宝”的第三宝就是“美猴王”的原型——秦岭金丝猴。秦岭金丝猴的正式名称为川金丝猴秦岭亚种，它们被认为是长得最漂亮的猴子。秦岭金丝猴颊部、颈部的侧面颜色棕红，鼻孔上仰，两肩到背部布满色泽金黄的长毛，圆圆的脑袋上两只小小的耳朵竖立着，屁股后面拖着一条差不多和躯体一样长的尾巴。雄性秦岭金丝猴体色艳丽，面部为天蓝色，头顶有暗色冠状毛，腹部毛色黄白，四肢外侧呈灰褐色，内侧呈淡黄色，活脱脱一个“美男子”。电视剧《西游记》里六小龄童饰演的孙悟空，

秦岭金丝猴

就是依照秦岭金丝猴的形象设计的，六小龄童因此被中国野生动物保护协会聘请为公益大使。秦岭金丝猴猴群一般由若干个金丝猴小家庭组成，一个猴群大约有 100 个成员。秦岭金丝猴没有猴王，这是很多人没有想到的。秦岭金丝猴有“孝兽”之称，它们对“长猴”是很敬重的，有了食物必让老猴先食，老猴吃饱后其他猴方才分食余下的食物，若谁敢没有遵守规则是会受到惩罚的——一般是饿一顿，因此秦岭金丝猴都显得很有教养，性情也相对温和，很少有十分凶悍的。秦岭金丝猴约有 3000～5000 只，它们会定时迁徙，夏季在高海拔山林活动，冬季及早春在低海拔地带活动。他们生活的地方非常偏僻，所以我们对它们的了解还不是很多。

“秦岭四宝”的最后一宝是“秦岭四不像”——秦岭羚牛。看过小说《封神演义》的人都知道姜子牙的坐骑是一匹叫作“四不像”的

神兽。在秦岭深山高寒之处生活着一种珍稀动物，长相非常奇特，它们长着马头、鹿角、牛蹄、驴尾，它们就是真正的“四不像”——秦岭羚牛，这是秦岭中体形最大的动物。秦岭羚牛实际上是一种大型羚羊，淡棕黄色的长毛在阳光下金光灿灿，被称为“金色羚牛”。别看秦岭羚牛体躯臃肿，看起来又粗又笨，但其实它们非常敏捷，善于攀爬悬崖，面对高大茂密的灌木丛它们轻轻一跃就过去了。秦岭羚牛平日里性情温和，但发起脾气来连一些较细的树也能撞断。秦岭羚牛是高山动物，生活在海拔 2000～4500 米的高山悬崖地带，它们厚密的皮毛足以抵御高海拔山区冬天的苦寒，它们对于艰苦的环境有很强的适应能力，很少会闯入人类生活的空间。秦岭羚牛虽然具有一定的攻击性，却没有很强的警惕性，很容易被偷猎者诱捕、猎

秦岭羚牛

杀，加之长期以来生态环境不断恶化，它们的生存空间被占用，目前秦岭羚牛仍处于濒临灭绝的境地。现在国家把秦岭羚牛列为国家一级保护动物，并设立了牛背梁自然保护区，让秦岭羚牛和大熊猫一起享受“国宝”的待遇。

基地链接

秦岭四宝基地

秦岭四宝基地位于周至县楼观台，是承担国家重点保护野生动物野外抢救、饲养繁殖、科学研究、宣传教育、开发利用的科研机构和中小学生研学基地。这里除了“秦岭四宝”外，还有林麝、云豹、金钱豹等 20 余种珍稀野生动物。这里是了解秦岭生物、亲近自然、关爱秦岭的实践园地。

人物档案

阿尔芒·戴维

阿尔芒·戴维是法国人，是天主教遣使会会士，也是动物学家和植物学家。1862 年，他来到中国传教并开展科学考察，发现了 58 个鸟类新种、100 多个昆虫新种和许多重要的哺乳动物新种。1867 年，他听说宝兴一带动物种类很多，尤其是珍稀物种，便来到宝兴一带担任邓池沟教堂神父。1869 年，他无意中路过一户山

阿尔芒·戴维

民家，被挂在墙上的一张黑白相间的动物皮深深吸引，他立即意识到这是一个尚未被世界了解的新物种，自己这次的发现将填补世界动物研究领域的一个空白，他当即请求老乡为他找一只活的大熊猫。不久，一只活的大熊猫被带到戴维面前。戴维手舞足蹈，喜不自禁，一会儿为大熊猫称体重，一会儿又为它量身段，他对这只“黑白熊”进行了细致的科学观察，并将其命名为熊猫。最后，戴维决定将这只可爱的大熊猫带回法国。由于运输条件落后，刚刚到达成都时，这只大熊猫已经奄奄一息了，最终出现在法国博物馆里的只是一个大熊猫标本，但是大熊猫从此为世人所知。

事件回放

苏琳与明明

1936 年，美国人露丝·哈克内斯成功地把一只大熊猫幼崽带回美国并在芝加哥动物园饲养和展出，这只大熊猫名叫苏琳，是第一只走出中国的活体大熊猫。1938 年，英国人丹尼尔·史密斯决定将捕获的八只活体大熊猫带到英国，经过一个多月的艰难航程，他终于抵达伦敦。在运输过程中，两只大熊猫趁卡车侧翻之际溜之大吉，下落不明，剩下的大熊猫，一只在香港夭折，一只刚到英国即患肺炎病死，一只被卖到德国。最后，仅剩的三只被送入伦敦动物园安家，人们以“唐”“宋”“明”三字为其取名，其中熊猫明明是最受欢迎的大明星。第二次世界大战期间，纳粹德国空袭伦敦，人们仍不忘在战争间隙去动物园参观大熊猫，并借此表示对敌人的蔑视和对胜利的信心。可惜在第二次世界大战胜利前夕，明明不幸病死，《泰晤士报》专门为它发了“讣告”：“它曾为那么多心灵带来快乐，它若知道，一定走得快快乐乐。即便战火纷飞，它的离去依然值得我们铭记。”

大熊猫外交

玲玲和兴兴

1972年2月，美国总统尼克松访问中国，他对中国的大熊猫非常感兴趣，我国政府表示将会赠送一对大熊猫以纪念这次历史性的访问。尼克松立即给《华盛顿明星报》拨通电话，允许他们播发这条独家新闻。一时间大熊猫的新家——美国国家动物园的电话响个不停，收到的邮件堆积成山，全美国掀起了一股“大熊猫热”，人们为给大熊猫起什么名字争得不可开交，最后决定为这两只大熊猫起名为玲玲和兴兴。1972年4月20日，美国的动物园开放这两只大熊猫供大众参观，并把这一天命名为“熊猫日”，当天就吸引了2万名游客。在接下来的那个星期天，专程拜访大熊猫的游客达到了7.5万人，这造成了周围交通大堵塞，从此就有一种说法：若是来到了华盛顿而没有参观大熊猫，这趟旅程就不算完美。

名物疏解

秦岭四宝与吉祥物

大型活动都会有吉祥物，在我国，“国宝”大熊猫往往是作为吉祥物原型的第一选择。1990 年北京亚运会的吉祥物就是一只可爱的大熊猫——盼盼，那时手持金牌做奔跑状的熊猫盼盼几乎每天都出现在媒体上，这个形象今天依然会被很多人念起。2008 年北京奥运会推出了五个吉祥物，其中福娃晶晶也是一个大熊猫。2022 年，北京将迎来冬季奥运会，这次体育盛会的吉祥物大家一定猜得到，还是一只大熊猫——冰墩墩。2021 年，第十四届中华人民共和国全国运

福娃晶晶　　冰墩墩　　胖安达

陕西全运会吉祥物

动会（简称全运会）将在陕西举行，这届全运会的吉祥物是以“秦岭四宝”为创意原型，它们的名字分别为朱朱、熊熊、羚羚和金金。另外，中国国际航空公司的吉祥物也是一只大熊猫——胖安达，其寓意为每位旅客都能平安到达。虽然大熊猫都悠然自得地生活在野外的自然保护区或人工饲养基地，但是作为吉祥物的大熊猫却很是忙碌。

课程链接

人教版《科学（二年级）》下册《观察小动物》

人教版《美术（三年级）》下册《保护珍稀野生动物》

人教版《道德与法治（六年级）》下册《爱护地球　共同责任》

探究思考

1. 秦岭四宝都生活在秦岭山区，这些珍稀动物能够在这里共生的原因是什么？

2. 从人与动物和谐相处的角度谈一谈保护野生动物的意义。

3. 2021 年全运会将在陕西举办，如果你是一个志愿者，你准备为全运会做些什么？

参考文献

[1]〔北魏〕郦道元. 水经注[M]. 陈桥驿, 校证. 北京: 中华书局, 2007.

[2] 杨明. 极简黄河史[M]. 桂林: 漓江出版社, 2016.

[3] 贺从容. 古都西安[M]. 北京: 清华大学出版社, 2012.

[4] 胡兆量, 阿尔斯朗, 琼达, 等. 中国文化地理概述[M]. 北京: 北京大学出版社, 2001.

[5] 赵鉴光. 西安地区生态环境变化及其治理[M]. 西安: 西安地图出版社, 2002.

[6] 李孝聪. 中国区域历史地理[M]. 北京: 北京大学出版社, 2004.

[7] 马正林. 中国历史地理简论[M]. 西安: 陕西人民出版社, 1987.

[8] 史孝进, 刘仲宇. 道教风俗谈[M]. 上海: 上海辞书出版社, 2003.

[9] 刘惠孙. 中国文化史稿[M]. 北京: 文化艺术出版社, 1990.

[10] 周国林. 一本书学会道教常识[M]. 北京: 中华书局, 2012.

[11] 向仍旦. 中国古代文化史论[M]. 北京: 北京大学出版社, 1986.

[12] 夏坚勇. 大运河传[M]. 南京: 江苏文艺出版社, 2014.

[13] 袁庭栋. 解秘中国古代军队[M]. 济南: 山东画报出版社, 2007.

[14] 袁庭栋. 解秘中国古代战争[M]. 济南: 山东画报出版社, 2008.

[15] 袁珂. 中国古代神话[M]. 北京: 华夏出版社, 2006.

[16] 高明. 史记人物故事[M]. 杭州: 浙江古籍出版社, 2010.

[17] 薛凤旋. 中国城市及其文明的演变[M]. 2版. 北京: 世界图书出版公司北京公司, 2014.

[18] 张友鹤. 唐宋传奇选[M]. 北京: 人民文学出版社, 1964.

[19] 中国社会科学院世界宗教所道教研究室. 道教文化面面观[M]. 济南: 齐鲁书社, 1990.

[20] 王卡. 中国道教基础知识[M]. 北京: 宗教文化出版社, 1999.

[21] 魏承思. 中国佛教文化论稿[M]. 上海: 上海人民出版社, 1991.

[22] 周叔迦. 佛教基本知识[M]. 北京: 中华书局, 1991.

[23] 钟健. 创世神话[M]. 北京: 中国社会出版社, 2006.

[24] 李孝聪. 中国城市的历史空间[M]. 北京: 北京大学出版社, 2015.

[25] 武伯纶. 西安历史述略[M]. 西安: 陕西人民出版社, 1979.

[26] 朱士光，吴宏岐. 西安的历史变迁与发展［M］. 西安：西安出版社，2003.

[27] 陈鸿彝. 中华交通史话［M］. 北京：中华书局，2013.

[28] 中国古代史常识：专题部分［M］. 北京：中国青年出版社，1980.

[29] 中国古代史常识：秦汉魏晋南北朝部分［M］. 北京：中国青年出版社，1979.

[30] 中国古代史常识：隋唐五代宋元部分［M］. 北京：中国青年出版社，1979.

[31] 中国古代史常识：明清部分［M］. 北京：中国青年出版社，1980.

[32] 中国古代史常识：先秦部分［M］. 北京：中国青年出版社，1978.

[33] 汉都长安［M］. 西安：陕西人民出版社，2001.

[34] 李忠武. 西周都城丰镐［M］. 西安：陕西人民出版社，2001.

[35] 巩德顺. 秦岭大熊猫［M］. 北京：中国摄影出版社，2006.

[36] 沈福煦. 中国古代建筑文化史［M］. 上海：上海古籍出版社，2001.

[37]［日］石田干之助. 长安之春［M］. 钱婉约，译. 北京：清华大学出版社，2015.

[38] 叶广芩. 老县城［M］. 北京：中国工人出版社，2003.

[39] 崔林涛，刘建军，罗亚蒙. 中国历史文化名城大辞典［M］. 北京：中国人事出版社，1994.

[40] 李开元. 秦谜：秦始皇的秘密［M］. 台北：台湾联经出版事业股份有限公司，2016.

[41] 李开元. 秦崩：从秦始皇到刘邦［M］. 北京：生活·读书·新知三联书店，2015.

[42] 黄永年. 物换星移话唐朝［M］. 北京：中华书局，2013.

[43] 史念海. 中国的运河［M］. 西安：陕西人民出版社，1988.

[44] 张永禄. 唐都长安［M］. 西安：三秦出版社，2010.

[45]〔清〕毕沅. 关中胜迹图志［M］. 张沛，校点. 西安：三秦出版社，2004.

[46] 朱维青. 中国通信小史［M］. 北京：学习出版社，2011.

[47] 唐晓峰. 新订人文地理随笔［M］. 北京：生活·读书·新知三联书店，2018.

[48] 徐俪成. 像唐人一样生活［M］. 北京：生活·读书·新知三联书店，2019.

[49] 楼宇烈. 中国文化的根本精神［M］. 北京：中华书局，2016.

[50]［英］亨利·尼科尔斯. 来自中国的礼物：大熊猫与人类相遇的一百年［M］. 黄建强，译. 北京：生活·读书·新知三联书店，2018.

后 记

研学实践教育是教育部按照国务院将研学纳入中小学常规教育要求实施的创举，是当代的一场教育革命，是构建德育框架的重要举措。

西安市是教育部确定的首批研学试点城市之一，经过5年的探索与实践，总结出研学西安经验，在全国得以推广。西安市在陕西省教育厅的指导下，自承担全国中小学生研学实践教育营地重点支持项目任务以来，立足陕西地域特色，聚焦优秀传统文化、丝路文化、红色革命文化、秦岭文化、科技创新等具有代表性的文化资源，凝心聚力，不断尝试，将丰富的文化资源转化为研学实践教育课程资源。

2020年，经历了疫情的考验，在肖云儒老先生的带领下，在诸多教育界同仁的精心打磨下，这套读本终于问世了，展现了陕西教育人的一份赤诚、一份担当。

在这里，我们要感谢参与编写的所有著作者，感谢为此出谋献策的专家学者，感谢为此做出贡献的社会各界朋友，感谢为此付出辛苦劳动的每一位编辑。

在此，我们唯愿这套读本的书香能飘满八百里秦川，弥漫祖国大地。这是我们的心声，也是全体研学实践教育营地工作者的心声。

《研学·中国（陕西）》编委会

2020年10月